KB067688

제2판

Cost Benefit Analysis

비용편익분석 개론

오정일

박영사

사회의 누구에게도 해될 것이 없을 만큼 완벽하게 좋은 것도 어디에도 도움이 되지 않을 만큼 완벽하게 나쁜 것도 없다. 어떤 것이 좋고 나쁘다는 것은 그것이 놓인 자리를 어느 다른 것에 견주어 그렇다는 것이다.

— 맨더빌(Mandeville) —

파리에서 몇 주 만에 5,000명의 사망자를 낳은 유행성 독감도 대중의 상상력을 자극하지 못했다. 통계 정보로 알려졌기 때문이다. 만약 에펠탑이 쓰러져 500명이 죽는 눈에 잘 띄는 사고가 일어난다면 그 사고는 군중의 상상력을 자극할 것이다.

— 르봉(Le Bon) —

개정판 머리말

2019년 박영사를 통해 "비용편익분석 개론"을 출간하였다. 그동안 5년이라는 시간이 흘렀다. 이 책으로 강의를 하면서 군데군데 오타, 내용상 오류 등이 발견되었다. 제1판 재고가 소진되어서 제2판을 내게 되었다. 제1판과 비교해서 내용이 크게 수정된 부분은 제4장, 제8장, 제9장, 제10장이다.

제4장은 실제로 편익을 측정하는 방법론을 다룬 것이다. 이 책에서 가장 어려운 내용이라고 할 수 있다. 그만큼 쉽게 서술하기가 어렵다. 최대한 문장을 다듬고, 자세하게 설명하려고 노력했다. 제8장 역시 학부 수준에서는 이해하기가 쉽지 않다. 비용편익분석에 불확실성을 반영하는 데 있어서 핵심 개념은 '확실대등 가치'이다. 이와 관련된 제1판 내용을 대폭 수정하였다. 또한, 제9장에 제시된 비용편익분석 사례 중 일부를 'KDI 예비타당성조사' 사례로 대체하였다. 이 과정에서 '분석적 계층화법(AHP)'을 소개하였다. 끝으로, 제10장은 제목을 "적용과 한계"로 변경하고, 비용편익분석이 법경제학에서 어떻게 활용되는지를 설명하였다. 제1판과 마찬가지로 제9장과 제10장은 학부생 대상 수업에서 생략해도 된다.

비용편익분석은 학생들이 선호하는 과목이 아니지만, 정책을 수립, 집행하는 실무자나 연구자에게 유용한 분석 도구이다. 이러한 이유로 지난 5년간 꾸준하게 이 책에 대한 수요가 있었다. 독자들에게 감사드린다. 박영사에 대한 마음의 빚을 조금은 갚은 것 같다. 개정을 먼저 요청해주신 장규식 차장님과 이 책을 편집하신 양수정 대리님께 특별한 감사를 드린다.

많은 분의 도움에도 불구하고 이 책에 오류가 있다면 전적으로
저자의 책임이다.

2024년 4월
저자 오정일 올림

머리말

저자는 2007년부터 현재까지 대학에서 비용편익분석을 강의하면서 관련 논문을 쓰고 있다. 저자는 2011년 "비용편익분석의 이해"를 집필하였고, 그 내용을 대폭 수정·보완하여 이제 "비용편익분석개론"을 출간하게 되었다.

본서는 총 10장으로 구성되었다. 1~3장은 비용편익분석에 대한 개관이다. 비용편익분석을 대략적으로 이해하는 것이 목적인 독자는 이 부분을 읽으면 된다. 4~5장은 편익과 비용을 측정하는 방법론, 사례 등을 제시했다. 이는 실제로 비용편익분석을 수행하는 독자에게 유익할 것이다. 특히 4장에서 지불의사금액의 측정 방법을 구체적으로 설명하였다. 학위논문을 준비 중인 대학원생은 이 부분을 정독할 필요가 있다. 6~8장은 기술적인 문제를 다루었다. 6장과 7장의 내용은 각각 현재 세대와 미래 세대의 이해 상충, 부자와 빈자의 이해 상충을 비용편익분석에 반영하는 것이다. 불확실성을 비용편익분석에 고려하는 문제는 8장에서 다루었다. 9~10장에서는 비용편익분석 관련 연구논문을 소개하고 비용편익분석의 이론적 기초에 대해 서술하였다. 학부생이 대상인 수업에서는 이 부분을 생략해도 무방하다.

세상이 많이 바뀌었다. 대학도 예외가 아니다. 많은 학생들이 어렵거나 힘든 수업을 회피하고 쉽게 학점을 취득하는 것을 선호한다. 그동안 저자는 비용편익분석이 사회과학을 전공하는 학생에게 필요한 과목이라는 생각을 갖고 강의를 하였다. 인기가 없는(?) 비용편익분석을 강의하는 교수님들이 많이 있다. 이들에게 경의를 표한다. 이 책이 동도제현(同道諸賢)에게 도움이 되기를 바란다.

상업성이 없는 책을 출간하는 것은 저자에게도 부담이다. 콘텐츠를 만든 사람보다 그것을 요약·편집한 사람이 더 좋은 대우를 받는

세상이다. 아낌없이 주는 나무와 같이 다양한 학술서를 발간하는 박
영사의 안종만 회장님 이하 모든 직원에게 감사드린다. 특히 장규식
과장님과 본서를 편집한 노하영 씨에게 감사드린다.

　끝으로 본서에서 오류가 발견된다면 그것은 저자의 천학비재(淺
學非才)에 기인한다.

2019년 2월
저자 오정일 배상

목차

부록 목차

표 목차

그림 목차

제 **1** 장

개관

　비용편익분석(Cost Benefit Analysis)은 특정 사업(정책)을 평가하는 수단이다. 정책 평가는 정책 시행 후 유의미한 변화가 있었는가? 즉, 정책적 과제가 어느 정도 해결되었는지를 파악하는 것이다.[1] 정책적 과제가 해결된 정도를 성과(performance)라고 한다. 개별 정책은 여러 측면에서 평가되기 때문에 성과를 나타내는 지표(indicator)도 다양하다. 효율성(efficiency)과 효과성(effectiveness)은 모든 정책을 평가하는 데 사용되는 지표이다. 일반적으로 효율성과 효과성이 혼용되지만 전자는 비용 대비 성과를 나타내고 후자는 목표 달성의 정도를 나타낸다. 비용편익분석은 비용효과분석(Cost Effectiveness Analysis), 비용효용분석(Cost Utility Analysis)과 함께 효율성을 측정하는 대표적인 방법이다.[2]

---

1) 정책 평가를 with-without test라고 한다. 이는 before-after test와 구별된다. with-without test는 특정 정책이 시행된 경우와 시행되지 않은 경우를 비교한다는 점에서 단순히 정책 시행 전과 후를 비교하는 before-after test와 다르다.
2) 비용효과분석에서 효과가 물리적 단위로 측정되는 반면, 비용편익분석에서 편익은 화폐 단위로 측정된다. 또한, 비용효용분석에서는 복수의 효과를 결합해서 효용으로 정의한다.

제1절 이론적 배경

비용편익분석은 두 개의 명제를 이론적 바탕으로 삼는다. 첫 번째 명제는 사람들은 이득이 손실보다 큰 대안을 선택한다는 합리적 선택(rational choice)이다. 두 번째 명제는 사회는 개인들로부터 독립된 유기체가 아니라 개인들의 합(合)이라는 것이다. 두 번째 명제에 의해 사회적 이득은 사회를 구성하는 개인들의 이득의 합으로, 사회적 손실은 개인들의 손실의 합으로 정의된다.[3] 두 개의 명제를 결합하면 "개인들의 이득의 합이 손실의 합보다 큰 대안을 선택하는 것이 효율적"이라는 명제가 도출된다.

비용편익분석은 개인들의 이득의 합(사회적 편익)과 손실의 합(사회적 비용)을 화폐 단위로 측정해서 비교하는 것이다. 사회적 편익과 비용을 비교하는 방법으로는 편익에서 비용을 뺀 순편익(net benefit)을 측정하는 것과 편익을 비용으로 나눈 비율(benefit-cost ratio)을 계산하는 것이 있다. 전자의 경우에는 순편익이 큰 사업이, 후자에 있어서는 편익·비용 비율이 높은 사업이 선택된다. 비용편익분석은 특정 정책이나 사업의 효율성을 평가하는 방법이므로 이를 통해 선택된 사업이 도덕적 혹은 정치적 측면에서 타당하다는 보장은 없다.

비용편익분석은 가치 판단에서 자유롭지 않다. 사회적 편익이 개인들의 편익의 합이라 하더라도 모든 사람의 편익에 동일한 가중치(weight)를 적용해야 하는 것은 아니다. 공리주의자는 부자와 빈자의 편익을 동일시하기 때문에 양자에 동일한 가중치를 적용하지만 평등주의자[4]는 가난한 사람의 편익에 높은 가중치를 적용한다.[5][6]

---

3) 사회적 이득과 손실을 개인들의 이득의 합과 손실의 합으로 정의하는 것은 공리주의(utilitarianism)와 논리적으로 연결된다.
4) 극단적 평등주의자인 롤스(Rawls)는 한 사회에서 가장 가난한 사람의 효용을 극대화해야 한다고 주장하였다. 가장 가난한 사람의 효용이 사회적 후생(social welfare)을 나타내기 때문이다.

비용편익분석이라는 용어가 명시적으로 사용된 것은 1936년 미국에서 제정된 홍수통제법(Flood Control Act)이 처음이지만 이론적 근거는 1950년대에 등장한 후생경제학(welfare economics)에서 찾을 수 있다. 비용편익분석과 후생경제학의 관련성은 세 측면에서 찾을 수 있다. 첫째, 편익은 수입(revenue)이 아닌 후생상의 이득, 비용은 지출(expenditures)이 아닌 후생상의 손실이다. 후생은 효용과 유사한 개념이다. 정부사업으로 인해 효용이 증가하면 편익으로, 효용이 감소하면 비용으로 간주된다. 둘째, 비용은 회계적 비용이 아니라 경제적 비용을 의미한다.[7] 셋째, 사회적 편익과 비용을 측정해서 양자의 크기를

---

5) "개인들의 편익을 어떻게 합산할 것인가?"는 개인의 효용함수(utility function)로부터 사회후생함수(social welfare function)를 도출하는 문제이다. 앳킨슨(Atkinson)은 식 (1.1)과 같은 사회후생함수를 제시하였다.

$$\frac{1}{1-v}\int_{-\infty}^{\infty}(u(w)^{1-v}f(w))dw \qquad (1.1)$$

u: 개인의 효용함수, w: 소득,
f: 특정한 소득계층에 속하는 사람들의 수(확률밀도함수)
식 (1.1)에서 v가 0이면 사회후생함수는 식 (1.2)가 된다. 식 (1.2)가 의미하는 바는 사회 전체의 후생은 개인의 효용의 합이라는 것이다. 이를 공리주의적 사회후생함수라고 한다.

$$\int_{-\infty}^{\infty}(u(w)f(w))dw \qquad (1.2)$$

반면, 식 (1.1)의 v가 1로 충분히 수렴하면 $\frac{1}{1-v}\int_{-\infty}^{\infty}(u(w)^{1-v}f(w))dw$가 매우 작은 값이 되므로 사회후생함수는 식 (1.3)이 된다. 이를 롤스의 사회후생함수라고 한다.

$$\min[u(w_1), u(w_2), \cdots u(w_n)], \ w_i: 개인\ i의\ 소득 \qquad (1.3)$$

6) 가난한 사람의 편익에 높은 가중치를 적용하는 것은 불평등을 완화하기 위해서만은 아니다. 재화나 서비스에 대한 소비자의 선호(preference)를 가장 잘 나타내는 지표는 시장가격이다. 편익과 비용의 크기를 화폐 단위로 측정하는 것은 이 때문이다. 문제는 부자는 소득이나 자산이 많기 때문에 자신의 선호를 시장에서 드러낼 수 있는 반면, 가난한 사람은 선호를 표시할 수 없다는 데 있다. 소득이 많은 사람이 소형차를 구매한다면 이는 이 사람이 소형차를 선호한다는 것을 의미한다. 그러나 소득이 적은 사람이 소형차를 구매한다고 해서 이 사람이 소형차를 선호한다고 간주할 수 없다. 중형차를 선호함에도 불구하고 소득이 적어서 소형차를 구매할 수 있기 때문이다. 이러한 문제를 자산 효과(wealth effect)라고 한다. 자산 효과를 고려하기 위해 가난한 사람의 편익에 높은 가중치를 적용한다.

7) 경제적 비용에 대해서는 3장에서 설명한다.

비교하는 것은 칼도·힉스(Kaldor-Hicks) 효율성과 논리적으로 연결된
다.[8]

칼도·힉스와 비교되는 사람이 파레토(Pareto)이다.[9] 파레토는 효
용의 크기를 숫자로 표시할 수 없고 선호의 순위(rank)만을 나타낼 수
있다고 주장하였다. 파레토의 주장이 옳다면 한 사회를 구성하는 100
명 중 99명의 효용이 증가하더라도 1명의 효용이 감소하면 이는 개선
(improvement)이 아니다. 99명의 증가한 효용이 1명의 감소한 효용보
다 큰지 알 수 없기 때문이다. 효용의 크기를 숫자로 표시할 수 없으
면 99명의 편익과 1명의 비용을 비교할 수 없다.

파레토 개선이라는 개념을 비용편익분석에 적용하면 어떻게 될
까? 정부사업으로 100억 원의 순편익이 발생한다고 가정해 보자. 순편
익이 100억 원이라는 것은 사회 전체적으로 편익이 비용보다 100억
원 많다는 것이지 모든 개인의 효용이 증가한다는 것은 아니다. 이 사
업으로 인해 한 사람이라도 효용이 감소한다면 이는 개선이 아니다.
이러한 파레토의 생각을 받아들이면 비용편익분석의 유용성은 현저하
게 떨어진다.

---

8) 칼도·힉스 효율성에 대해서는 제2장에서 설명한다.
9) 파레토 효율성에 대해서는 제2장에서 설명한다.

부록 1. 홍수통제법(Flood Control Act)

1936년 루스벨트(Roosevelt) 대통령 재임 시 홍수통제법이 제정되었다. 이 법률에 의해 연방정부는 댐, 제방, 기타 홍수방지 시설과 관련된 토목사업을 시행할 수 있는 권한을 갖게 되었다. 홍수통제법이 제정되기 전에는 주정부가 이러한 사업을 시행하였다. 대공황에서 벗어나기 위해 루스벨트 대통령이 연방정부의 권한을 확대한 것이다. 홍수통제법상 홍수는 지역적 문제가 아닌 국가적 문제 즉, 일반적인 복지로 정의되었으나 연방정부가 주정부를 대신해서 사업을 시행하기 위해서는 두 가지 조건이 충족되어야 한다. 첫째, 연방정부가 개입하지 않으면 시민의 생명과 사회 안전에 부정적인 영향이 발생하여야 한다. 둘째, 사업의 시행으로 발생하는 편익이 추정되는 비용보다 커야 한다.

[표 1-1] 홍수통제법 제1조

It is hereby recognized that destructive floods upon the Unites States ··· constitute a menace to national welfare; that it is the sense of Congress that flood control is a proper activity of the Federal Government in cooperation with States; that investigations and improvements of rivers and other waterways are in the interest of the general welfare; that the Federal Government should improve or participate in the improvement of navigable waters or their tributaries if the benefits to whomsoever they may accrue are in excess of the estimated costs, and if the lives and social security of people are otherwise adversely affected.

제2절 **목적**

정부는 직·간접적으로 시장에 개입한다. 시장이 효율적으로 자원을 배분하지 못하면 즉, 시장 실패(market failure)가 발생하면 정부가 개입하는데 현실적으로 특정 사업이나 정책을 시행해서 시장에 개입한다. 다만, 정부예산이 제한적이기 때문에 사업의 우선순위(priority)를 정해야 한다. 비용편익분석은 사업의 우선순위를 정하는 데 사용되므로 자원의 효율적 배분에 기여한다. 비용편익분석은 복수의 사업 중에서 가장 효율적인 것을 찾는 데 사용되는 도구이다.

비용편익분석은 사전적(*ex ante*) 비용편익분석, 사후적(*ex post*) 비용편익분석, 중간(*in medias res*) 비용편익분석으로 분류된다. 사업이 시작되는 시점에서 편익과 비용의 크기를 정확하게 측정하는 것은 불가능하다. 사업이 진행됨에 따라 비용편익분석의 정확도가 제고된다.[10]

사전적 비용편익분석은 사업이 시행되기 전인 정책분석(policy analysis) 단계에서 이루어진다.[11] 사전적 비용편익분석은 "희소한 자원을 어떻게 배분할 것인가?"라는 효율성과 관련된 의사결정에 직접적으로 영향을 미친다. 반면, 사후적 비용편익분석은 사업이 종료된 후에 수행된다. 사업이 종료된 시점에서는 모든 비용이 매몰되기(sunk) 때문에 사후적 비용편익분석은 자원 배분에 영향을 미치지 않는다. 사후적 비용편익분석은 관료, 정치인, 정책분석가의 학습에 도움을 준다.[12] 또한, 향후 유사한 사업에 대한 사전적 비용편익분석을 수행할 때 유용한 자료가 된다. 중간 비용편익분석은 사전적 비용편

---

10) 비용편익분석은 현재 상황이 유지된다는 가정을 바탕으로 하는 정태적(static) 분석이다. 그러나 현실에서는 사업이 진행됨에 따라 상황이 변하기 때문에 동태적(dynamic) 분석이 요구된다.
11) 정책과정(policy process)은 의제설정 – 정책형성 – 정책분석 – 정책집행 – 정책평가로 구성된다.
12) 사전적 비용편익분석과 사후적 비용편익분석의 결과를 비교하면 예측한 순편익과 실제 순편익의 차이가 발생한 원인을 파악할 수 있다.

익분석과 사후적 비용편익분석의 특성을 모두 가지고 있다. 사전적 비용편익분석과 마찬가지로 의사결정과 사업의 연속성에 영향을 미치지만, 이미 발생한 편익의 크기를 측정한다는 점에서는 사후적 비용편익분석과 유사하다.

제3절 절차

비용편익분석의 일반적인 절차를 요약하면 [표 1-2]와 같다. 아래에서는 대표적인 정부사업인 도로 건설을 중심으로 비용편익분석의 절차를 설명한다.

[표 1-2] 비용편익분석 절차

---

1. 비교 가능한 대안 상정
⇩
2. 누구의 편익·비용을 측정할 것인가?
⇩
3. 긍정적·부정적 영향의 분류 및 지표 선정[13]
⇩
4. 물리적 편익·비용 측정
⇩
5. 편익·비용의 화폐적 가치 계산
⇩
6. 편익·비용의 현재가치 계산
⇩
7. 순편익과 편익·비용 비율 계산
⇩
8. 민감도 분석
⇩
9. 우선순위 제안

---

13) 긍정적 영향은 편익, 부정적 영향은 비용이다.

1. 분석 대상

비용편익분석은 두 경우에 수행된다. 복수의 사업 중에서 하나를 선택하는 경우와 특정 사업의 시행 여부를 결정하는 경우가 있다. 예를 들어, 비용편익분석의 목적이 "어떤 종류의 교통시설을 건설할 것인가?"이면 전자에, "도로를 건설할 것인가? 건설하지 않을 것인가?"를 결정하는 것이면 후자에 해당한다. 전자의 경우 교통시설을 건설하지 않는 것을 포함해서 가능한 모든 대안에 대해 비용편익분석을 수행하는 것이 이상적이지만 이는 현실적으로 가능하지 않다.

[표 1-3] 의사결정과 대안

의사결정	대안
도로 재료	아스팔트/콘크리트
노선(routing)	노선 A/노선 B
도로 폭	2차선/4차선/6차선
통행료	무료/유료
야생동물 이동로	설치/미설치

의사결정이 복잡할수록 분석 대상이 되는 대안의 수는 증가한다. [표 1-3]은 도로 건설과 관련된 의사결정과 이에 따른 대안을 정리한 것이다. [표 1-3]에 의하면 정부가 도로를 건설하는 경우 도로 재료, 노선, 도로 폭, 통행료 징수 여부, 야생동물 이동로의 설치 여부 등을 결정해야 한다. 이 사례에서 정책분석가가 비용편익분석을 수행해야 할 대안은 총 49개[14]이다.

---

14) $1+(2\times2\times3\times2\times2)=49$. 여기서 1은 도로를 건설하지 않는 경우를 나타낸다.

2. 이해관계자(stakeholder)

"누구의 편익과 비용을 측정할 것인가?"에 대한 답은 관료와 정치인이 결정한다. 비용편익분석은 좁게는 특정 지역에 거주하는 주민들을, 넓게는 특정 국가의 국민 또는 전 세계 인류를 그 대상으로 한다. 국가적 차원에서는 국가가 부담하는 비용과 그 나라의 국민에게 발생하는 편익이 고려되지만 세계적 관점에서는 국적에 관계없이 모든 사람에게[15] 발생하는 편익과 비용이 고려된다. 오존 파괴, 기후 변화, 산성비 등과 같은 환경 문제에 있어서 개별 국가에 한정된 비용편익분석은 무의미하다. 또한, 지방정부는 지역 주민들의 편익과 비용을 고려하고 다른 지방정부가 부담하는 비용이나 다른 지역에 거주하는 주민에게 발생하는 편익을 무시하지만, 국가적 차원에서는 경쟁 관계에 있는 지방정부의 편익과 비용이 종합적으로 고려된다.[16][17]

3. 영향(impact)과 지표

비용편익분석의 세 번째 단계는 사업의 긍정적·부정적 영향을 분류하고 이를 양적으로 측정하는 지표를 만드는 것이다. 특정 사업의 시행 후 발생하는 물리적인 결과가 편익과 비용으로 인정되려면 물리적인 결과와 사업 간에 직접적인 인과 관계(causality)가 있어야 한다. 예를 들어, 자동차 이용률과 교통사고 사망률 사이의 인과 관계는 비교적 뚜렷하지만 배기가스의 양과 혈압 간 상관성은 분명하지

---

15) 동·식물도 비용편익분석의 대상이라는 주장이 있다.
16) 중앙정부로부터 받은 보조금은 지방정부의 입장에서는 수입이므로 편익으로 간주된다. 그러나 특정 지역에 보조금이 지급되면 다른 지역의 보조금이 감소한다.
17) "누구의 편익과 비용을 측정할 것인가?"는 다음과 같은 문제도 포함한다. 첫째, "해외에 거주하는 우리나라 국민은 비용편익분석의 대상이 되는가?", "우리나라에 거주하는 불법이민자는 대상이 되는가?", "불법이민자의 후손은 어떻게 되는가?" 둘째, "비도덕적인 선호로부터 발생하는 편익을 무시해야 하는가?", "도둑의 수입은 편익인가?" 셋째, 환경과 관련된 사업은 효과가 다음 세대, 그다음 세대에도 나타나는데 후대에 발생하는 편익과 비용을 현재 세대가 측정하는 것이 타당한지에 대해 논란이 있다.

않다. 또한, 정치인은 모호한 용어를 사용해서 특정 사업의 긍정적인 영향을 과장하는 경향이 있는데 비용편익분석을 수행하는 분석가는 기술 향상, 교육환경 개선, 소득 증가 등과 같이 구체적이고 명확한 영향만을 편익으로 간주해야 한다. 이 밖에, 기업가는 개발과 성장을 편익으로 간주하지만 정책분석가는 개발과 성장에 수반되는 환경 오염, 혼잡 등을 비용으로 인식해야 한다.

우리의 사례에서 도로 건설이 유발하는 편익과 비용을 요약하면 [표 1-4]와 같다. 일반적으로 편익과 비용을 분류하는 작업과 측정 지표를 만드는 것은 동시에 수행된다. [표 1-4]에 제시된 항목들 중에서 공해나 환경과 관련된 것은 간과하기 쉽다. 운임, 이동 시간, 교통사고 등은 측정이 용이하지만 공해, 공해로 인한 건강 악화를 측정하는 지표는 만들기가 어렵다.

[표 1-4] 편익·비용 항목

편익	비용
통행료	도로 건설비
운임 절약	도로 유지비
이동 시간 감소	통행료 징수비
교통사고 감소	배기가스 증가
혼잡 감소	자연 경관 훼손
도로의 잔존 가치	야생동물의 피해

4. 물리적 편익과 비용

편익과 비용을 분류하고 측정 지표를 선정한 후 편익과 비용의 크기를 예측한다. 정부사업은 사업대상자의 행위가 변해야 목적을 달성할 수 있다. 특정 사업에 대해 사람들이 어떻게 반응할지를 예측하는 것은 쉽지 않다. 사람들이 예상하지 못한 방식으로 반응할 수 있다. 사업의 효과를 상쇄하는 보상행위(compensating behavior)가 나타나기도 한다. 예를 들면, 안전 규제가 강화되고 기술이 발전하면서 자동차가 안전해졌지만 교통사고율은 감소하지 않았다. 이유는 운전자가 안전해진 자동차를 믿고 위험하게 운전하기 때문이다.[18] 운전 행태의 변화가 규제와 기술 발전의 효과를 상쇄한 것이다. 정부사업으로 사업대상자가 아닌 제3자의 행태가 변하기도 한다. 어린이가 자전거를 탈 때 헬멧 착용을 의무화한 정책이 부모의 헬멧 착용을 유도한 것이 예이다.

우리의 사례에서 도로 건설로 교통사고 사망자 수가 감소한다면 그 크기는 다음과 같은 방식으로 측정된다. 먼저, 신설되는 도로가 기존 도로보다 짧으면 평균적인 이동 거리[19]가 감소하므로 교통사고 사망자도 감소한다. 기존연구에 의해 이동 거리 10,000km당 0.05명이 교통사고로 사망하고, 도로 신설로 이동 거리가 연간 5,000,000km에서 3,000,000km로 2,000,000km 감소한다면 교통사고 사망자는 연간 $10(0.05 \times 200)$명 감소한다. 또한, 신설되는 도로가 안전해서 치명적인 사고가 발생할 가능성이 감소할 수 있다. 만약, 치명적인 사고가 발생할 가능성이 10% 감소한다면 이동 거리가 연간 3,000,000km이므로 사망자는 연간 $1.5(0.05 \times 300 \times 0.1)$명 감소한다. 이상의 두 효과를 더하면 도로 신설로 교통사고 사망자는 연간 $11.5(10+1.5)$명 감소할 것이다.

5. 편익과 비용의 화폐적 가치

도로 건설의 중요한 편익인 이동 시간과 교통사고의 감소는 측정 단위가 다르기 때문에 직접적으로 양자를 더할 수 없다. 하나의 정부 사업에서 다양한 종류의 편익과 비용이 발생하므로 이것들을 합산하기 위해서는 측정 단위를 일치시켜야 한다. 다양한 편익과 비용의 크기를 측정할 수 있는 공통적인 단위는 화폐이다. 다만, 이동 시간 감

---

18) 일종의 도덕적 해이(moral hazard)이다.
19) 차량 한 대의 평균적인 이동 거리에 통행하는 차량 대 수를 곱해서 계산한다.

소의 금전적 가치를 측정하기 위해서는 1시간의 경제적 가치를 알아야 하고, 교통사고 감소의 금전적 가치는 상해 또는 사망의 사회적 비용을 알아야 측정이 가능하다. 예를 들면, 미국의 경우 1시간의 경제적 가치는 [표 1-5]와 같다.

[표 1-5] 1시간의 경제적 가치(자동차 1대 기준)

이동 목적	금액
여행	6.68달러
사업	12달러
운송	14달러

6. 할인(discount)

일반적으로 정부사업의 편익과 비용은 장기에 걸쳐 발생하기 때문에 상이한 시점에 발생하는 편익이나 비용을 더하는 것이 문제가 된다. 대체로 사람들은 미래보다 현재의 소비를 선호하므로 미래에 발생하는 편익과 비용의 가치를 할인해야 한다. 즉, 미래에 발생하는 편익(비용)은 현재가치(present value)로 평가해야 한다. 정부사업에 대해서는 대체로 7~10%의 할인율을 적용하는데 사업 기간이 50년 이상이면 3.5%가 적절하다는 주장도 있다. 적절한 할인율을 정하는 것은 쉽지 않으므로 복수의 할인율을 적용해서 복수의 순편익과 편익·비용 비율을 계산하기도 한다. 이렇게 하면 할인율에 따라 비용편익분석의 결과가 어떻게 달라지는지를 파악할 수 있다. 이를 민감도 분석(sensitivity analysis)이라고 한다.

7. 순편익과 편익·비용 비율

특정 사업의 효율성을 나타내는 지표에는 순편익과 편익·비용 비율이 있다. 현실에서는 두 지표를 모두 사용한다. 편익 - 비용 ≥ 0

이면 $\dfrac{편익}{비용} \geq 1$이다.[20] 그럼에도 불구하고 두 지표를 사용하는 이유는 무엇인가? 편익·비용 비율이 높은 사업이더라도 규모가 작으면 순편익이 작을 수 있다. 반면, 대규모 사업은 순편익이 크더라도 편익·비용 비율이 낮을 수 있다. 순편익은 작지만 편익·비용 비율이 높은 사업과 순편익은 크지만 편익·비용 비율이 낮은 사업 중에서 무엇을 선택해야 하는가?

예를 들어 생각해 보자. 사업 A의 편익과 비용은 100원, 80원이고 사업 B의 편익과 비용은 1,000원, 900원이다. 사업 A의 순편익은 20원, 편익·비용 비율은 1.25이고 사업 B의 순편익은 100원, 편익·비용 비율은 1.11이다. 규모가 작은 사업 A는 편익·비용 비율이 높고 대규모 사업인 B는 순편익이 크다. 사업 A와 B 중에서 무엇을 선택해야 하는가? 하나의 방법은 순편익과 편익·비용 비율 중에서 하나를 제약(constraint) 조건으로 두고 다른 하나를 극대화(maximization)하는 것이다. 즉, 순편익이 일정 수준 이상인 사업들 중에서 편익·비용 비율이 가장 높은 것을 선택하거나, 편익·비용 비율이 일정 수준 이상인 사업들 중에서 순편익이 가장 큰 것을 선택할 수 있다.

8. 민감도 분석

정책분석가는 순편익이 크거나 편익·비용 비율이 높은 사업을 의사결정자에게 제시한다. 다만, 순편익과 편익·비용 비율은 예측치이기 때문에 특정한 가정하에서 사업의 순편익(편익·비용 비율)이 크더라도(높더라도) 다른 가정하에서는 작을(낮을) 수 있다. 이러한 가능성을 확인하는 것이 민감도 분석이다. 민감도 분석은 비용편익분석 결과의 신뢰성을 검증하는 것이다. 특정 사업의 영향을 예측하고 그것의 금전적인 가치를 측정하기 위해서는 다양한 가정이 필요하지만

---

20) 편익 $-$ 비용 ≥ 0 $\rightarrow$ 편익 $\geq$ 비용 $\rightarrow$ $\dfrac{편익}{비용} \geq 1$

전제된 모든 가정을 대상으로 민감도 분석을 할 수 없다. 중요한 가정에 대해서만 민감도 분석을 하는 것이 일반적이다.

9. 우선순위

정책분석가는 우선적으로 시행할 사업을 의사결정자에게 제시하지, 결정하지 않는다. 의사결정은 관료와 정치가에 의해 이루어진다. 비용편익분석은 의사결정의 과정에서 고려되는 하나의 요소이며 경제적 합리성은 정치적 합리성과 상충할 수 있다. 비용편익분석은 "자원을 어떻게 배분해야 하는가?"라는 질문과 관련된 당위적(normative) 이론이지, 자원이 어떻게 배분되는지를 설명하는 실증적(positive) 이론이 아니다.

제4절 두 개의 시각

비용편익분석에 대한 관료의 시각은 소속 기관의 성격에 따라 다르다. 관료는 감시자(guardian)인가, 사업자(spender)인가에 따라 편익과 비용을 다르게 인식한다. 여기에서는 감시자와 사업자가 편익과 비용을 어떻게 인식하는지, 양자의 인식 차이가 발생하는 원인이 무엇인지에 대해 설명한다. [표 1-6]은 도로 건설에 있어서 감시자, 사업자, 정책분석가[21]가 인식하는 편익과 비용을 비교한 것이다.

---

21) 중립적인 제3자를 대표한다.

[표 1-6] 감시자와 사업자가 인식하는 편익과 비용

	감시자		사업자		정책분석가	
	편익	비용	편익	비용	편익	비용
통행료(주민)	✔			✔		
통행료(여행자)	✔		✔			
도로의 잔존 가치	✔		✔		✔	
이동 시간 감소			✔		✔	
교통사고 감소			✔		✔	
혼잡 감소			✔		✔	
도로 건설비		✔	✔			✔
도로 유지비		✔		✔		✔
통행료 징수비		✔		✔		✔
배기가스 증가						✔
자연 경관 훼손						✔
야생동물의 피해						✔

1. 감시자

예산이나 감사와 관련된 업무를 수행하는 관료를 감시자라고 한다. 이들은 금전적인 이득과 손실을 중심으로 정부사업의 효율성을 평가한다. 이들에게 정부사업의 편익은 금전적 이득을, 비용은 금전적 손실을 의미하며, 비금전적 편익은 사업의 효율성을 과장하기 위해 동원된 개념에 불과하다. 이들의 업무가 예산 편성·관리와 감사라는 사실을 감안하면 이는 자연스러운 현상이다.

도로 건설의 경우 감시자는 이용자가 지불하는 통행료를 편익으로 인식한다. 통행료는 주민과 여행자로부터 정부로의 소득 이전이지만 돈이 들어온 것이므로 감시자의 입장에서는 편익이다. 같은 맥락에서 이들은 도로 건설과 유지에 소요되는 지출을 비용으로 인식한다. 감시자는 눈에 보이지 않는(invisible) 편익을 무시하므로 이동 시간, 교통사고, 혼잡의 감소는 편익으로 인정되지 않는다. 또한, 배기가스 증가, 자연 경관 훼손, 야생동물의 피해와 같은 무형의 비용도 고려되지 않는다.

논란이 되는 항목은 도로 건설비이다. 도로를 건설하는 과정에서 자재를 구입하고 인부를 고용하면 자재비, 인건비 등의 지출이 발생한다. 감시자는 이를 비용으로 인식한다. 그러나 이러한 지출은 특정 지역에 거주하는 주민의 소득이 되므로 투자로 볼 수 있다. 건설비를 투자로 간주하면 이는 비용이 아니라 편익이다. 물리적 자본(physical capital)의 구축에 소요되는 지출을 투자로 보는 것은 사업자의 시각이다. 건설비를 비용으로 보느냐, 투자로 보느냐에 따라 비용편익분석의 결과가 크게 달라진다.

감시자는 정부사업의 효율성을 평가하는 데 있어서 보수적이기 때문에 편익은 줄이고 비용을 늘리려고 한다. 이에 따라 감시자는 다음과 같은 오류를 범하는데 이는 의도적인 것이다. 첫째, 감시자는 기회비용을 고려하지 않는다. 예를 들어, 정부가 일자리 창출 사업을 시행할 경우 감시자는 유보임금(reservation wage)[22]이 아니라 실제로 지불하는 임금을 바탕으로 사업비를 계산한다. 또한, 정부 소유의 건물이나 토지를 사용할 경우 기회비용을 고려하지 않는다. 둘째, 감시자는 순편익의 현재가치를 줄이기 위해 높은 할인율을 적용한다. 할인율이 편익과 비용에 공통적으로 적용되지만 대체로 편익은 비용에 비해 늦게, 장기에 걸쳐 발생하기 때문에 할인율을 높이면 순편익의 현재가치가 작아진다.

2. 사업자

교통, 복지, 교육, 주택사업 등과 관련된 기관에서 정부사업을 시행하는 관료를 사업자라고 한다. 이들의 공통점은 사업비를 편익으로

---

22) 유보임금은 여가의 가치 즉, 시간의 기회비용이다.

간주한다는 것이다. 또한, 이들은 무형의 편익을 중시한다. 이렇게 함으로써 정부사업의 효율성을 확보하여 가능한 한 많은 사업을 시행하려고 한다.

사업자의 시각은 두 측면에서 정치인과 유사하다. 첫째, 편익이 특정 집단에 집중되고 비용은 다수의 국민이 부담하는 사업이 선호된다. 사람들은 자신이 얻은 편익보다 지불한 비용을 민감하게 인식하기 때문이다. 대규모 정부사업을 통한 일자리 창출이 선호되는 이유가 여기에 있다. 둘째, 매몰비용(sunk cost)이 비용편익분석에 우선한다. 일단 사업이 시행되면 추가되는 비용이 편익보다 커도 중단되지 않는다. 사업을 중단하면 이미 지출한 비용이 매몰되기 때문이다. 사업자는 대규모, 철회할 수 없는, 자본집약적인 사업을 선호한다. 예를 들면, 사업자는 버스사업보다 철도사업을 선호한다. 철도는 상당한 규모의 일자리를 창출하고 다른 용도로 전환되지 않는다. 또한, 운영비가 적게 들기 때문에 요금을 낮게 책정할 수 있다.

사업자는 사업비를 편익에 포함시키고 승수효과(multiplier effect)[23]를 통해 이를 부풀린다. 사업자에게 승수효과는 사업의 효율성을 보장해 주는 마이더스의 손(Midas' touch)이다. 사업자는 이렇게 부풀려진 편익에 낮은 할인율을 적용해서 순편익과 편익·비용 비율을 계산한다.

---

23) 정부사업 시행 → 소득 증가 → 소비 증가 → 생산 증가 → 소득 증가 → 소비 증가의 과정이 반복되면 정부사업의 편익은 사업비의 몇 배가 된다. 승수가 0.2일 경우 정부가 100억 원의 사업을 시행하면 $500(100 \times \frac{1}{0.2})$억 원의 편익이 발생한다.

제**2**장

효율성

사회과학 분야에서 사용되는 효율성은 파레토, 칼도·힉스, 포즈너 (Posner)가 정의한 것이 대표적이다. 이 장에서는 파레토와 칼도·힉스 효율성을 설명한 후, 지불의사금액의 측면에서 포즈너 효율성에 대해 서술한다. 또한, 포즈너 효율성과 비용편익분석의 관련성도 이 장에서 다룬다.

제1절 파레토와 칼도·힉스 효율성

파레토는 효율성에 관한 두 가지 개념을 제시하였다. 하나는 최적(optimal)이고 다른 하나는 개선(improvement)이다. 효율성과 관련된 파레토의 명제를 요약하면 아래와 같다.

1. 개선의 여지가 없는 상태가 최적이다.
2. 다른 사람의 효용은 감소하지 않고 최소한 한 사람의 효용이 증가하는 것이 개선이다.
3. 최소한 한 사람의 효용이 감소하지 않고서는 어떤 사람의 효용도 증가할 수 없는 상태가 최적이다.

4. 최적인 두 상태는 어느 것이 우월한지 비교할 수 없다.
5. 최적인 상태가 모든 비(非)최적 상태보다 우월하지는 않다.

한 사람이라도 효용이 감소하면 개선이 아니라는 파레토의 생각은 현실에 적용하기 어렵다. 대체로 한 사회가 상태 E에서 E′으로 이동하면 사회구성원들 중 일부는 효용이 증가하지만 다른 일부는 감소한다. 칼도와 힉스는 파레토 효율성을 수정하여 현실에 적용이 가능한 효율성의 개념을 제시하였다. 한 사회가 상태 E에서 E′으로 이동함에 따라 A의 효용이 증가하고 B의 효용은 감소하는 경우, A의 증가한 효용이 B의 감소한 효용보다 커서 B를 보상하고도 남는다면 이는 개선이라는 것이 칼도와 힉스의 생각이다.

칼도·힉스 효율성을 판단하는 데 있어서 효용이 증가한 사람이 감소한 사람에게 실제로 보상하는지 여부는 문제가 되지 않는다. 실제로 보상을 하는 과정에서 많은 비용이 소요될 수도 있다. 이러한 의미에서 칼도·힉스 효율성을 "잠재적인" 파레토 개선이라고 한다. 큰 비용을 들이지 않고 실제로 보상을 한다면 칼도·힉스 효율성과 파레토 개선은 일치한다.

칼도·힉스 효율성은 두 가지 문제점을 가지고 있다. 첫째, 칼도·힉스 효율성을 판단하기 위해서는 개인의 효용을 비교해야 하는데 이는 효용의 크기가 계량화되어야 가능하다. 개인의 효용이 기수적(cardinal) 특성을 가진다는 가정은 효용함수에 강한 제약을 가하는 것이다. 둘째, 칼도·힉스 효율성은 스키토프스키 역설(Scitovsky Paradox)을 야기할 수 있다.[1]

이상의 내용을 에지워드 상자(Edgeworth box)와 효용가능경계(utility possibility frontier)를 사용해서 설명해 보자.

---

[1] 스키토프스키 역설에 대해서는 부록 2를 참조.

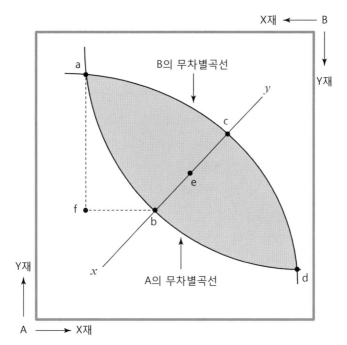

〈그림 2-1〉 파레토와 칼도·힉스 효율성: 에지워드 상자

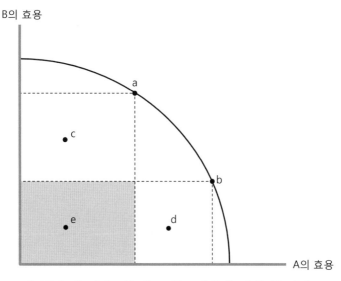

〈그림 2-2〉 파레토와 칼도·힉스 효율성: 효용가능경계

〈그림 2-1〉에서 에지워드 상자 내의 모든 점은 실현이 가능한 자원 배분이다. A 소유의 재화가 증가하면 B의 재화는 감소한다. A의 효용은 무차별곡선(indifference curve)이 동북쪽에 위치할수록 B의 효용은 서남쪽에 위치할수록 크다. A와 B는 자신이 가지고 있는 재화를 교환해서 효용을 증가시킬 수 있다. 즉, 초기에 주어진 자원(initial endowment)을 적절하게 분배하면 A와 B의 효용은 증가한다.

〈그림 2-1〉에서 초기 상태를 a로 가정하면 파레토 개선, 칼도·힉스 효율성, 파레토 최적은 아래와 같이 정의된다.

1. a에서 b로의 이동은 파레토 개선이다. A의 효용은 변하지 않지만 B의 효용이 증가하기 때문이다.

2. a에서 c로의 이동은 파레토 개선이다. B의 효용은 변하지 않지만 A의 효용이 증가하기 때문이다.

3. a에서 e로의 이동은 파레토 개선이다. A와 B의 효용이 증가하기 때문이다.

4. a에서 회색 부분으로의 이동은 파레토 개선이다.

5. a에서 f로의 이동은 칼도·힉스 개선이다. B가 A에게 X재를 주면 b로 이동할 수 있기 때문이다.

6. A와 B의 무차별곡선이 접하는 자원 배분은 파레토 최적이다.[2]

〈그림 2-1〉의 계약곡선(xy)을 A와 B의 효용 평면에 나타낸 것이 효용가능경계이다. 〈그림 2-2〉에서 x축은 A의 효용을 y축은 B의 효용을 나타낸다. 효용가능경계 위의 점(자원 배분)은 계약곡선상의 점과 대응한다. 효용가능경계를 통해 파레토 효율성을 정의하면 아래와 같다.

1. a는 c보다 우월하지만 d에 비해 우월하다고 할 수 없다.

2. b는 d보다 우월하지만 c에 비해 우월하다고 할 수 없다.

---

2) 파레토 최적인 자원 배분을 연결한 선을 계약곡선(offer curve)이라고 한다.

3. a와 b는 우열을 가릴 수 없다.
4. a와 b는 e보다 우월하다.

부록 2. 스키토프스키 역설

두 사람 A와 B가 재화 X와 Y를 가지고 있는 경우를 가정하자. 상태 E와 E′에서 A와 B가 소유한 X, Y의 양과 두 사람의 선호체계는 아래와 같다. A, B 모두 X와 Y를 각각 1단위 소유하는 것을 가장 선호한다. 상태 E와 E′ 중에서 무엇이 우월한가?

[표 2-1] 스키토프스키 역설의 예

	E		E′	
	A	B	A	B
X재	2	0	1	0
Y재	0	1	0	2

	A			B		
	1순위	2순위	3순위	1순위	2순위	3순위
X재	1	2	1	1	0	0
Y재	1	0	0	1	2	1

먼저, E에서 E′으로 변한 경우에 대해 생각해 보자. E′에서 B가 A에게 Y를 1단위 주면 A는 X와 Y를 각각 1단위 소유하게 되므로 효용이 증가한다. B는 Y만 1단위를 소유하므로 효용이 변하지 않는다. E에서 E′으로의 변화는 칼도·힉스 개선이다. 다음으로, E′에서 E로 변한 경우를 생각해 보자. E에서 A가 B에게 X를 1단위 주면 B는 X와 Y를 각각 1단위 소유하게 되므로 효용이 증가하고 A는 X만 1단위를 소유하므로 효용이 변하지 않는다. 따라서 E′에서 E로의 변화는 칼도·힉스 개선이다.

결과적으로 E가 E′보다 우월한 동시에 E′은 E에 비해 우월하다. 이렇게 되면 무엇이 우월한지 판단할 수 없다. 이를 스키토프스키 역설이라고 한다. 스키토프스키 역설은 칼도·힉스 효율성의 큰 단점이다.

부록 3. 무역이득 공유제와 칼도·힉스 효율성

　무역이득 공유제는 자유무역협정으로 인해 수혜를 받는 기업의 이익 일부를 환수, 농어업 등 피해산업을 지원하자는 제도이다. 2012년 10월 발의한 '자유무역협정 체결에 따른 농어업인 등의 지원에 관한 특별법'이 근간을 이루고 있다. 법안의 골자는 한미자유무역협정이 발효된 2012년 3월 15일을 기점으로 제조업과 서비스업 등 업종별 이익과 피해 규모를 조사한 뒤 향후 15년간 3조 원의 기금을 마련, 농어업인의 피해를 지원하는 것이다.[3]

　자유무역협정을 체결하면 제조업 종사자는 이득을 얻지만 농어업인은 손실을 입는다. 물론, 제조업의 이득이 농어업인의 손실을 초과한다는 전제하에 자유무역협정이 체결되었다. 이득을 얻는 집단과 손실을 입는 집단이 나타난다는 측면에서 자유무역협정은 파레토 개선이 아니다. 무역이득 공유제는 자유무역협정으로 인해 이득을 얻은 집단으로부터 손실을 입은 집단으로 이득의 일부를 이전하는 기능을 하므로 칼도·힉스 효율성을 현실에 적용한 사례에 해당한다.

　'자유무역협정 체결에 따른 농어업인 등의 지원에 관한 특별법'의 제13~15조를 보면 정부는 자유무역협정 이행지원기금을 설치하여 농어업인의 피해를 보전하며 재원은 정부출연금, 정부 외의 자의 출연금 또는 기부금 등이다. 자유무역협정을 체결하면 소비자에게도 이득이 발생하므로 이들을 대표해서 정부가 기금의 일부를 출연한다. 정부 외의 자는 자유무역협정으로 인해 이득을 얻는 집단을 의미한다.

---

3)　한경 경제용어사전에서 인용.

[표 2-2] 자유무역협정 체결에 따른 농어업인 등의 지원에 관한 특별법

제13조(자유무역협정 이행지원기금의 설치) ① 정부는 협정의 이행으로 피해를 입거나 입을 우려가 있는 농어업인 등에 대한 지원대책에 필요한 재원을 확보하기 위하여 **자유무역협정 이행지원기금**을 설치한다.

제14조(기금의 조성) ③ 기금은 다음 각 호의 재원으로 조성한다.
  1. 정부의 출연금
  2. 정부 외의 자의 출연금 또는 기부금

제15조(기금의 용도) 기금은 다음 각 호의 용도에 사용한다.
  1. 제5조에 따른 농어업 등의 경쟁력 향상 지원
  2. 제6조부터 제8조까지에 따른 농어업인 등의 피해 보전

　

또한, 동법 제6조 제1항을 보면 자유무역협정으로 피해를 입은 농어업인에게 10년간 매년 피해보전직접지불금이 지급된다. 즉, 농어업인의 피해를 보상하기 위해 정부가 보조금을 지급한다. 보조금을 받기 위해서는 두 가지 조건이 충족되어야 한다. 이에 대해서는 동법 제7조가 규정하고 있다. 첫째, 자유무역협정으로 인해 피해가 발생해야 한다. 이는 가격 하락으로 판단한다. 둘째, 피해가 자유무역협정으로 인한 것이어야 한다. 피해와 자유무역협정 간 인과성은 두 개의 지표를 통해 판단한다. 제7조 제1항 제2호에 의하면 "해당 연도 총수입량이 기준 총수입량을 초과"하고 "협정대상국으로부터의 해당 연도 수입량이 기준수입량을 초과"해야 한다. 다시 말해서, 협정대상국으로부터의 수입량이 크게 증가해서 가격이 하락하였다는 인과성이 입증되어야 한다.

[표 2-3] 자유무역협정 체결에 따른 농어업인 등의 지원에 관한 특별법

제6조(자유무역협정의 이행에 따른 피해보전) ① 정부는 협정의 이행으로 수입량이 급격히 증가하여 가격 하락의 피해를 입은 품목에 대하여 해당 협정의 발효일 이전부터 해당 품목을 생산한 농어업인 등에게 협정의 이행에 따른 **피해보전직접지불금**을 지원하는 시책을 「대한민국 정부와 중화인민공화국 정부 간의 자유무역협정」의 발효일부터 10년간 시행한다.

제7조(피해보전직접지불금의 지급기준) ① 농림축산식품부장관 또는 해양수산부장관은 피해보전직접지불금 지원대상품목이 **다음 각 호 모두에 해당하는 경우**에는 … 피해보전직접지불금을 매년 지급한다.
  1. 협정의 이행에 따라 피해보전직접지불금 지원대상품목의 해당 연도 평균가격이 기준가격 미만으로 하락한 경우
  2. 협정의 이행에 따라 피해보전직접지불금 지원대상품목의 해당 연도 총수입량이 기준총수입량을 초과하고 협정상대국으로부터의 해당 연도 수입량이 기준수입량을 초과하는 경우

포즈너에게 있어서 최적 즉, 개선의 여지가 없는 상태는 부가 극대화된 것이다. 여기에서 부는 재산이나 소득을 의미하지 않는다. 경제학자들은 효용, 편익(benefit), 후생(welfare) 등을 부로 표현하는데 이는 철학자나 심리학자가 생각하는 효용과 다른 개념이다. 철학자나 심리학자가 생각하는 효용은 심리적인 상태로서 주관적인 효용이다. 주관적인 효용을 다르게 표현한 것이 행복(happiness)이다.

경제학적 의미에서의 효용이란 무엇인가? 효용은 지불의사금액으로 측정된 선호이다. 사람은 자신이 얻는 효용 이상의 금액을 지불하지 않으므로 지불의사금액은 선호하는 정도를 나타낸다. 예를 들어, A가 냉면 한 그릇의 가격으로 5,000원을 지불한다면 A가 냉면으로부터 얻는 효용은 5,000원 이상이다. 효용이 5,000원 미만이면 A는 5,000원을 지불하고 냉면을 먹지 않을 것이다. 지불의사금액은 화폐단위로 측정되기 때문에 효용을 이렇게 정의하면 개인의 효용을 비교하고 측정할 수 있다.

지불의사금액으로 측정된 선호가 효용이라는 것이 어떤 의미를 갖는지를 구체적인 사례를 통해 생각해 보자. A와 B가 축구 경기를 관람하고자 한다. 경기 관람으로 A가 얻는 효용은 10점 척도로 측정할 때 8점, B의 효용은 4점이다. A의 효용이 B의 두 배라고 할 수 있는가? 그렇다고 할 수 없다. 두 사람의 주관적인 효용을 비교할 수 없기 때문이다. A의 효용이 8점이라는 것은 자신의 선호체계에서 축구경기를 보는 것이 높은 순위에 있음을 의미할 뿐이다. 이 사례에 지불의사금액을 도입해 보자. 축구장 입장권에 대한 경매에서 A는 8만 원을, B는 40만 원을 제시하였다면 A의 지불의사금액은 8만 원, B는 40만 원이다. 우리가 부의 극대화를 추구한다면 B가 축구장 입장권을 구입하여 경기를 관람하는 것이 효율적이다.

포즈너가 부의 극대화를 효율성으로 정의하였으나 이는 새로운 개념이 아니다. 위대한 경제학자 중 한 사람인 알프레드 마샬(Alfred Marshall)은 한 사회의 목표는 사회 전체의 후생을 극대화하는 것이라고 하였다. 여기에서 후생은 포즈너가 제시한 부와 동일한 개념이다. 사회 전체의 후생은 언제 극대화되는가? 후생경제학의 제1 정리(the first theorem of welfare economics)에 의하면 시장을 통한 자원 배분은 효율적이므로 거래를 통해 사회적 후생이 극대화된다.

합리적이고 충분한 정보를 가지고 있는 A와 B가 거래하는 경우를 생각해 보자. A가 1,000만 원을 받고 자동차를 B에게 매각하였다면 이 거래를 통해 양자는 이득을 얻을 것이다. 일방(一方)이 이득을 얻지 못한다면 거래가 성사되지 않을 것이기 때문이다. A는 자동차로부터 얻는 효용 이상의 금액을 받고, B는 자신의 효용 이하의 금액을 지불할 것이다. 이에 따라 쌍방 모두에게 소비자 잉여[4]가 발생한다.[5]

시장을 통한 자원 배분이 효율적인 이유는 합리적이고 충분한 정보를 갖고 있는 사람들이 자발적으로 거래를 하면 소비자 잉여와 생산자 잉여의 합이 최대가 되기 때문이다. 소비자 잉여와 생산자 잉여의 합이 최대가 된 상태는 포즈너의 표현을 빌리면 부가 극대화된 것이고, 마샬의 용어를 사용하면 후생이 극대화됨을 의미한다.

합리적이고 충분한 정보를 갖고 있는 사람들이 자발적으로 거래를 하면 왜 사회 전체의 부가 극대화되는가? 거래를 통해 재화나 서비스는 그것으로부터 가장 많은 효용을 얻는 사람에게 이전된다. 거래를 통해 특정 재화나 서비스로부터 가장 많은 효용을 얻는 자가 그것을 소유하게 되므로 효율적인 것이다.

다음과 같은 사례를 생각해 보자. A가 20만 원을 가지고 있다.

---

4) 이 용어 역시 마샬이 처음으로 사용하였다.
5) 이 사례는 두 사람이 재화를 매매하는 교환 거래이므로 소비자 잉여만 발생한다. 생산자가 물건을 만들어서 소비자에게 파는 거래에 있어서는 소비자 잉여와 생산자 잉여(producer's surplus)가 발생한다.

A는 최대 20만 원을 지불하고 자동차를 구입하려고 한다.[6] B는 자전거를 가지고 있다. B는 10만 원을 받으면 자전거를 팔려고 한다.[7] 만약, 자전거가 15만 원에 거래된다면 A와 B의 효용은 얼마인가? A의 효용은 20만 원에서 25(20 − 15 + 20)만 원으로, B의 효용은 10만 원에서 15만 원으로 증가한다. 거래를 통해 두 사람의 효용의 합은 30만 원에서 40만 원으로 증가한다. 결과적으로 사회 전체의 부가 10만 원 증가한다. 이 사례에서 사회 전체의 후생이 증가한 이유는 자전거로부터 가장 많은 효용을 얻는 사람(B)이 자전거를 소유하기 때문이다. A와 B가 자전거로부터 얻는 효용의 차이(20만 원 − 10만 원)만큼 사회적 부가 증가한다.

---

6) A가 자전거로부터 얻는 효용이 20만 원임을 알 수 있다.
7) B가 자전거로부터 얻는 효용은 10만 원임을 알 수 있다.

부록 4. 포즈너 효율성과 파레토 효율성

포즈너 효율성과 파레토 효율성은 논리적으로 연결된다. 아래에서는 농부와 목동[8]의 사례를 통해 포즈너 효율성과 파레토 효율성의 관계에 대해 설명한다.

농부의 땅과 목동의 목장이 인접해 있다. 목동 소유의 양이 농부의 땅에 침입하여 농작물을 망친다. 목동의 입장에서는 양을 많이 기를수록 편익이 증가하지만 한계편익[9]은 감소한다. 농부의 입장에서는 양이 증가하면 농작물의 비용과 한계비용[10]이 증가한다. 이러한 상황을 그림으로 나타낸 것이 〈그림 2-3〉이다.

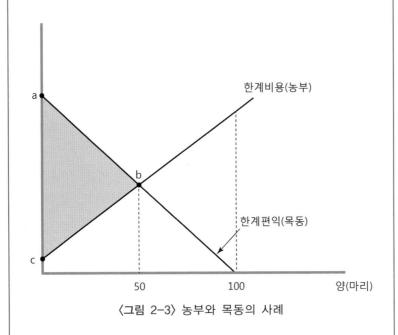

〈그림 2-3〉 농부와 목동의 사례

---

8) 양자는 상린(相隣)관계의 대표적인 예이다.
9) 양이 한 마리 늘어날 때 증가하는 편익이다.
10) 양이 한 마리 늘어남에 따라 농부에게 발생하는 피해이다.

〈그림 2-3〉에서 사회적 부가 극대화되는 양의 수는 50마리이다. 이 사회는 농부와 목동으로 구성되므로 목동의 편익에서 농부의 비용을 제한 것이 사회적 부이다. 목동이 50마리의 양을 기를 경우 abc에 해당하는 사회적 부가 만들어지는데 이는 이 사회가 달성할 수 있는 최대치이다. 즉, 목동이 50마리의 양을 기르면 포즈너 효율성이 달성되며 이는 파레토 최적이다. 이를 증명해 보자.

〈그림 2-3〉에서 알 수 있듯이, 목동의 편익은 100마리의 양을 기를 때 극대화된다. 목동의 입장에서 양으로 인한 농부의 피해는 자신의 것이 아니므로 비용으로 인식되지 않는다. 따라서 농부가 목동에게 대가를 지불하지 않는 한 목동은 양을 줄이지 않는다. 이 말은 농부가 대가를 지불하면 목동이 양을 줄인다는 뜻이기도 하다.

목동이 100마리의 양을 기르고 있다고 가정해 보자. 목동이 양을 한 마리 줄이면 편익이 감소하지만 농부의 비용도 감소한다. 목동은 한계편익에 해당하는 대가를 받아야 양 한 마리를 줄인다. 농부는 한계비용에 해당하는 금액을 지불할 용의가 있다. 〈그림 2-3〉을 보면 양이 100마리일 때 농부의 한계비용이 목동의 한계편익보다 크므로 양을 99마리로 줄이는 거래가 가능하다.[11] 동일한 논리로 양을 99마리에서 98마리로 줄이는 거래도 가능하다. 이러한 거래는 언제까지 계속되는가? 양을 50마리에서 49마리로 줄이는 거래는 가능한가? 이 거래는 불가능하다. 목동의 한계편익이 농부의 한계비용보다 크기 때문이다. 목동이 받고자 하는 금액이 농부가 지불하고자 하는 금액보다 크면 거래는 불가능하다. 양자의 거래는 양이 50마리일 때 종료된다.[12]

---

[11] 이러한 거래가 성사된다고 단언할 수 없다. 거래비용(transaction cost)이 많이 소요될 수 있기 때문이다.
[12] 역으로 양자의 거래를 통해 양이 영(0)에서 50마리로 늘어난다는 것을 증명할 수 있다. 이 경우 목동이 농부에게 양을 기르는 대가를 지불한다. 목동이 농부로부터 대가를 받은 농부가 목동으로부터 대가를 받은 양자의 거래를 통해 양이 50마리가 될 수 있다.

양을 100마리에서 99마리로 줄이면 농부의 비용과 목동의 편익이 감소하는데 농부의 비용 감소가 목동의 편익 감소보다 크다. 비용의 감소는 편익의 증가이므로 농부의 편익 증가가 목동의 편익 감소보다 크다고 할 수 있다. 그러므로 양을 100마리에서 99마리로 줄이는 것은 파레토 개선이다. 동일한 논리로 양이 50마리가 될 때까지 양자의 거래는 파레토 개선이다. 그러나 양을 50마리에서 49마리로 줄이는 거래는 파레토 개선이 아니다. 증가한 농부의 편익으로 감소한 목동의 편익을 보상할 수 없기 때문이다. 따라서 50마리의 양을 기르는 것은 파레토 최적이다.

제3절 포즈너 효율성과 비용편익분석

포즈너에게 있어서 효용은 지불의사금액 즉, 돈으로 측정되므로 개인의 효용을 비교하고 더하거나 뺄 수 있다. 비용편익분석에서 편익과 비용은 화폐 단위로 측정되므로 포즈너 효율성이 전제되었다고 할 수 있으며, 이는 마샬이 제시한 후생 극대화 또는 사회적 잉여 (social surplus)[13] 극대화와 일맥상통(一脈相通)한다.

정부사업으로 인해 어떤 사람이 편익을 얻거나 비용을 부담한다는 것은 그 사람의 효용이 증가하거나 감소함을 의미한다. 효용이 지불의사금액으로 측정된다면 포즈너 효율성과 비용편익분석의 관계는 아래와 같이 요약된다.

정부가 사업(정책)을 시행하면 일부가 편익을 얻고 일부는 비용을 부담한다. 정부사업에 대한 전자의 지불의사금액은 정(+), 후자의 지불의사금액은 부(−)이다. 따라서 사회를 구성하는 개인들의 지불의사금액의 합이 정(+)이면 사회적 편익은 정(+)이다.

이상의 내용을 구체적인 사례에 적용해 보자. [표 2-4]를 보면 정부가 이 사업을 시행할 경우 세 집단 A, B, C의 편익이 증가하거나 감소하므로 파레토 효율성을 적용하면 이 사업을 시행할 수 없다. 그러나 포즈너 효율성을 적용하면 이 사업은 효율적이다. 이 사업을 시행하면 두 집단 A, B의 편익의 합(300원)이 C의 비용(250원)보다 크기 때문이다. 이 사업을 시행한 후 집단 A와 B가 C에게 각각 75원, 175원을 주면 결과적으로 집단 A와 B의 편익은 25원 증가하고 C의 편익은 변하지 않는다.

---

13) 소비자 잉여와 생산자 잉여의 합.

[표 2-4] 포즈너 효율성: 단일 사업

집 단	편익(a)	재분배[14](b)	a+b
A	100원	-75원	25원
B	200원	-175원	25원
C	-250원	250원	0원
합 계	50원		50원

[표 2-5]는 두 사업을 비교하여 효율적인 것을 선택하는 경우이다. 이 경우에는 사회적 편익이 큰 사업을 선택하면 된다. [표 2-5]를 보면 사업 1을 시행할 경우 집단 A와 B의 편익이 증가하고 C는 변화가 없으므로 이는 파레토 개선이다. 반면, 사업 2를 시행하면 집단 A와 B에게 비용이 발생하므로 이는 파레토 개선이 아니다. 그러나 사업 1과 2의 사회적 편익은 각각 50원, 70원이므로 포즈너 효율성의 측면에서는 사업 2가 1보다 우월하다. 사업 2를 선택해야 하는 이유를 기회비용의 개념을 사용하여 설명해 보자. 사업 1을 시행하면 사업 2를 포기해야 하므로 사업 1의 기회비용은 사업 2의 시행으로 발생하는 편익이다. 따라서 사업 1의 기회비용은 70원[15], 사업 2의 기회비용은 50원[16]이다. 사업 1을 시행하면 70원을 사업 2를 시행하면 50원을 포기해야 하므로 사업 2를 선택하는 것이 효율적이다.[17]

---

14) 정부가 집단 A와 B로부터 세금을 거두어서 C에게 보조금을 지급하는 것을 생각할 수 있다.
15) 집단 A, B, C에 발생하는 기회비용은 각각 -100원, -130원, 300원이다.
16) 집단 A, B, C에 발생하는 기회비용은 각각 25원, 25원, 0원이다.
17) 세 개 이상의 사업을 비교하는 경우 사업별 기회비용은 그 사업을 제외한 나머지 사업들 중에서 편익이 가장 큰 것이다. 예를 들어, 사업 A, B, C의 편익이 각각 20원, 50원, 100원이면 사업 A, B, C의 기회비용은 각각 100원, 100원, 50원이다. 따라서 사업 C를 선택해야 한다.

[표 2-5] 포즈너 효율성: 복수의 사업

집 단	편 익	
	사업 1	사업 2
A	25원	−100원
B	25원	−130원
C	0원	300원
합 계	50원	70원

편익과 비용

이 장에서는 정부사업의 편익과 비용을 측정하는 문제를 이론적인 측면에서 다룬다. 편익과 비용을 실제로 측정하는 것에 대해서는 제4장과 제5장에서 논의한다. 제1절에서는 수요함수(demand function)를 중심으로 편익을 측정하는 문제를 살펴보고, 편익의 측정에 있어서 주의해야 할 문제인 소득효과, 일반균형 분석에 대해서는 각각 제2절과 제3절에서 다룬다. 끝으로, 기회비용의 함의(含意)를 서술한 것이 제4절이다.

제1절 수요함수와 편익

수요함수는 주어진 가격하에서 소비자가 얼마나 소비하는지를 나타낸다. 즉, 가격은 독립 변수, 수요량이 종속 변수로 간주된다. 그러나 달리 해석하면 수요함수는 주어진 소비량하에서 수요자가 얼마를 지불할 의사가 있는지를 나타낸다. 수요량을 독립 변수, 가격을 종속 변수로 볼 수 있다는 것이다.[1] 여기에서 주의해야 할 사실은 수요

---

[1] 일반적으로 수요함수의 y축에 가격, x축에 수요량을 표시하므로 이렇게 해석하는 것이 자연스러울 수 있다.

함수는 소비자가 지불할 의사가 있는 가격을 나타내는 함수라는 것이다. 소비자가 실제로 지불하는 가격은 공급함수(supply function)의 영향을 받으며 시장에서 결정된다.

소비자는 재화나 서비스로부터 얻는 효용 이상의 가격을 지불하지 않는다. 어떤 소비자가 재화 X를 3단위 소비할 때 얻는 효용이 300원이면 3단위 구입에 300원 이상을 지불하지 않는다. 그러므로 수요함수는 소비량과 한계효용(marginal utility) 또는 소비량과 지불의사금액의 관계를 나타내게 된다. 이러한 의미에서 수요함수는 한계효용 함수 또는 한계지불의사금액 함수라고 할 수 있다. 일반적으로 소비량이 늘어남에 따라 효용은 증가하지만 한계효용이 감소하므로 수요함수의 기울기는 부($-$)이다.

[표 3-1] 한계효용과 소비자 잉여

	소 비 량(a)				
	1	2	3	4	5
효용(지불의사금액)(b)	10원	19원	27원	34원	40원
한계효용(수요함수)	10원	9원	8원	7원	6원
가격(c)	5원	5원	5원	5원	5원
지불한 금액(d=a×c)	5원	10원	15원	20원	25원
소비자 잉여(b−d)	5원	9원	12원	14원	15원

[표 3-1]은 일반적인 소비자의 소비량과 효용, 한계효용, 소비자 잉여의 관계를 보여준다. 이 표에서 확인되듯이 소비량이 늘어나면 효용이 증가하지만 한계효용은 감소한다. 예를 들어, 소비자가 재화 3단위를 소비할 경우 효용은 27원이다. 이는 소비자가 1~3단위 소비 시 얻는 한계효용인 10원, 9원, 8원을 합산한 것이다. 또한, 이 소비자는 3단위 소비 시 15(3×5)원을 지불하므로 12(27−15)원의 소비자 잉여를 얻는다.

[표 3-1]에서 수요량이 이산적(離散的)으로 증가하지만 연속적으로 변한다면 수요함수는 연속 함수가 되므로 수요함수를 소비량에 대해 적분하면 소비자의 효용(지불의사금액)을 측정할 수 있다. 또한, 수요함수를 그림으로 나타낼 수 있다면 수요함수의 아래 면적이 소비자의 효용이다. 소비량이 q_0일 때 소비자가 얻는 효용을 수식과 그림으로 나타내면 식 (3.1)과 〈그림 3-1〉이 된다. 식 (3.1)에서 $p(q)$는 수요함수이다. 〈그림 3-1〉을 보면 가격이 p_0일 때 소비량은 q_0이다. 소비자의 효용은 수요함수의 아래 면적으로서 A+B이다. 다만, 소비자가 실제로 지불하는 금액은 B이므로 A만큼의 소비자 잉여가 발생한다.

$$소비자의\ 효용 = \int_0^{q_0} p(q)dq \tag{3.1}$$

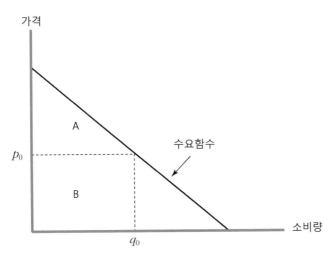

〈그림 3-1〉 수요함수와 소비자의 효용

현실에서 정부가 특정 정책을 시행한다는 것은 사업을 통하여 재화나 서비스를 공급함을 의미한다. 정부사업을 통해 재화나 서비스가 공급되면 정책대상자(소비자)의 효용이 증가한다. 따라서, 정부사업의 편익은 그것으로 인해 증가한 소비자의 효용으로 정의되는데 수요함수를 통해 크기를 측정할 수 있다. 비용편익분석에 있어서 수요함수의 추정이 중요한 것은 이 때문이다. 아래에서는 구체적인 사례를 중심으로 편익의 의미를 살펴본다.

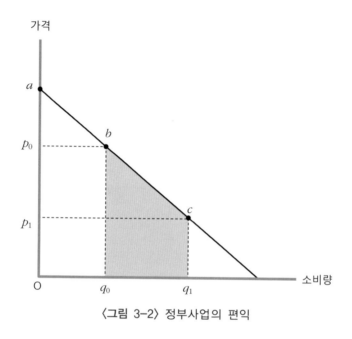

〈그림 3-2〉 정부사업의 편익

정부가 사업을 시행하면 재화나 서비스의 공급이 늘기 때문에 가격은 하락하고($p_0 \rightarrow p_1$) 소비량이 증가한다($q_0 \rightarrow q_1$). 〈그림 3-2〉에서 소비량이 q_0일 때 소비자의 효용은 abq_0o이고, 소비량이 q_1이면 효용이 acq_1o이므로 정부사업으로 인해 소비자의 효용이 bcq_1q_0만큼 증가한다. 이것을 정부사업의 편익이라고 할 수 있다. bcq_1q_0은 식 (3.2)로 표현된다. 식 (3.2)에서 $\triangle q$는 정부사업 시행 전·후의 소비량 차이를 나타낸다.

정부사업의 편익 = bcq_1q_0

$$= \frac{(q_1 - q_0) \times (p_0 - p_1)}{2} + (q_1 - q_0) \times p_1$$

$$= (q_1 - q_0) \times \frac{p_0 + p_1}{2} = \triangle q \times \frac{p_0 + p_1}{2} \qquad (3.2)$$

식 (3.2)에 의하면 정부사업의 편익의 크기는 $\triangle q \times \dfrac{p_0 + p_1}{2}$ 이다. 이것이 의미하는 바는 다음과 같다. 정부사업의 편익은 그 사업으로 인해 증가한 소비량($\triangle q$)에 사업 시행 전·후 가격의 평균($\dfrac{p_0 + p_1}{2}$) 을 곱한 것이다. 다시 말해서, 정부사업으로 증가한 소비의 가치를 화폐 단위로 측정한 것이 편익이다. 정부사업으로 공급량이 늘면 가격이 하락하므로 사업 시행 전·후 가격의 평균으로 편익의 가치를 평가한다. 정부사업에 의한 공급량이 많지 않아서 가격이 변하지 않으면 ($p_0 = p_1$) 식 (3.2)는 (3.3)이 된다. 이 경우에는 사업 시행 전 가격으로 편익의 크기를 측정한다.

정부사업의 편익 $= \triangle q \times p_0$ \qquad\qquad\qquad\qquad (3.3)

제2절 소득효과와 보상변화 수요함수

수요함수는 특별한 언급이 없는 한 마샬 수요함수(Marshallian demand function)이다. 이론적으로 가격 변화에 의한 소비량의 변화는 두 부분으로 분해된다. 하나는 가격이 상대적으로 싸지면서(비싸지면서) 증가한(감소한) 소비량이고, 다른 하나는 가격이 하락(상승)함으로써 실질소득이 증가(감소)해서 증가(감소)한 소비량이다. 전자를 대체효과(substitution effect), 후자를 소득효과(income effect)라고 한다. 마샬 수요함수를 사용해서 편익을 측정하면 대체효과와 소득효과가 모두 반영된다. 그러나, 정부사업의 편익을 측정할 경우 소득효과는 제외되어야 한다. 이는 정부가 소비자에게 현금을 지급하는 것과 같기 때문이다. 정부사업의 기회비용을 반영하기 위해서는 대체효과만을 고려해야 한다.

가격과 대체효과의 관계를 나타내는 수요함수를 사용해서 편익의 크기를 측정하면 소득효과를 제거할 수 있다. 두 가지 방법이 가능하다. 정부사업 시행 전의 소득을 기준[2]으로 대체효과를 측정하는 방법과 사업 시행 후의 소득을 기준으로 측정하는 방법이 있다. 전자에서는 보상변화 수요함수(compensating variation demand function)를, 후자의 경우에는 동등변화 수요함수(equivalent variation demand function)를 사용한다.

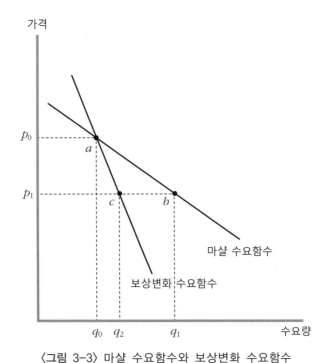

〈그림 3-3〉 마샬 수요함수와 보상변화 수요함수

---

2) 실질소득이 증가하지 않는다고 가정한다.

보상변화 수요함수로 측정하든 동등변화 수요함수로 측정하든 편익의 크기는 동일하다. 양자는 가격과 대체효과의 관계를 나타내므로 함수의 기울기가 같다.

[표 3-2] 수요함수 종류와 편익의 크기

	마샬 수요함수	보상변화 수요함수
편익	abq_1q_0	acq_2q_0

〈그림 3-3〉과 [표 3-2]는 마샬 수요함수와 보상변화 수요함수를 사용해서 측정한 편익의 크기를 비교한 것이다. 어떤 수요함수를 사용하느냐에 따라 편익의 크기가 달라진다. 정부가 사업을 시행하기 전의 가격과 수요량은 p_0와 q_0이다. 정부가 사업을 시행하면 가격이 p_1으로 하락한다. 가격이 p_1일 때 소득효과와 대체효과가 반영된 소비량은 q_1이지만 대체효과만을 반영한 소비량은 q_2로서 q_1보다 적다. 정부가 공급하는 재화나 서비스가 정상재(normal good)이면 소득효과가 정(+)이므로 이러한 현상이 나타난다. 결과적으로 마샬 수요함수를 통해 측정한 편익은 abq_1q_0이지만 보상변화 수요함수를 사용해서 측정한 편익은 acq_2q_0이다. 마샬 수요함수를 사용해서 편익을 측정하면 그 크기가 과장된다는 것을 알 수 있다.

제3절 일반균형 분석

정부사업과 직접적으로 관련된 시장만을 대상으로 편익을 측정하면 사업의 총체적인 효과를 파악할 수 없다. 정부사업으로 재화 X를 공급하여 가격이 하락하면, X와 대체 관계에 있는 재화에 대한 수요는 감소하고 보완 관계에 있는 재화에 대한 수요는 증가한다. 이에 따라 X에 대한 수요가 다시 변하는데 이를 반향효과(repercussion effect)라고 한다. 정부가 재화 X를 공급한다고 해서 이 시장만을 분석하면 X와 대체 또는 보완 관계로 연결되어 있는 시장이 X에 대한 시장에 미치는 반향효과가 누락된다. 재화 X에 대한 시장만을 분석하는 것을 부분균형 분석(partial equilibrium analysis), X, 대체재 및 보완재에 대한 시장을 분석하는 것을 일반균형 분석(general equilibrium analysis)이라고 한다.

정부가 재화 X를 공급하는 경우를 생각해 보자. 〈그림 3-4〉에서 X는 정부사업의 직접적인 영향을 받는 재화이고 Y는 X의 대체재이다. 정부사업으로 X의 공급이 증가하면($S_0 \rightarrow S_1$) 가격은 하락하고 ($p_0 \rightarrow p_1$) 소비량이 증가한다($q_0 \rightarrow q_1$). 여기까지 분석하면 이는 부분균형 분석에 해당한다. 그러나, 재화 X의 가격이 하락하면 대체재인 Y에 대한 수요가 감소하므로($D_3 \rightarrow D_4$) Y의 가격이 하락하고($p_2 \rightarrow p_3$) 이로 인해 X에 대한 수요가 감소한다($D_0 \rightarrow D_1$).[3] 결과적으로 재화 X에 대한 수요는 q_2가 된다. 이를 일반균형 분석이라고 한다.

정부사업의 편익은 부분균형 분석을 하면 abq_1q_0, 일반균형 분석을 하면 acq_2q_0이다. 이 사례에서 재화 Y가 X의 대체재이므로 부분균형 분석을 하면 편익의 크기가 과장될 수 있다. 문제는 재화 X와 대체 또는 보완 관계에 있는 재화가 무수히 많다는 것이다. 재화 X를 공급하는 정부사업의 편익을 측정하기 위해 관련된 모든 시장을 분석하는 것은 불가능하다. 다행인 것은 우리가 관찰하는 수요함수에 대체재와 보완재의 반향효과가 반영되어 있다. 현실에서 관찰되는 자료는 (p_0, q_0), (p_1, q_1)이 아니라 (p_0, q_0), (p_1, q_2)이므로 편익의 측정에 사용되는 수요함수는 D_0나 D_1이 아닌 D_2이다. 그러므로, 비용편익 분석을 수행할 때는 부분균형 분석으로 충분하다.

---

3) 이를 반향효과라고 한다.

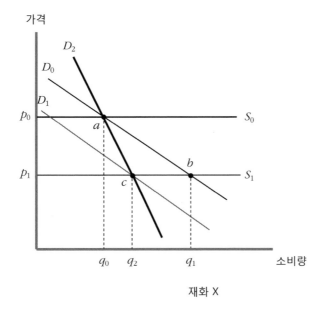

재화 X

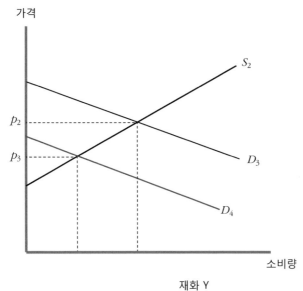

재화 Y

〈그림 3-4〉 일반균형 분석

제4절 기회비용

경제적 측면에서 의사결정을 할 때는 실제로 지출한 비용(명시적 비용)이 아닌 기회비용을 고려해야 한다. 이러한 의미에서 기회비용을 경제적 비용이라고 한다. 비용편익분석은 사업의 효율성을 평가하는 수단으로서 그 결과가 의사결정에 반영되므로 "비용"은 기회비용을 의미한다. 아래에서는 두 사례를 통해 명시적 비용과 기회비용의 개념을 설명한다.

정부가 토지를 소유하고 있다. 정부는 이 땅에 유치원을 지으려고 한다. 유치원 신설의 편익과 비용을 계산할 때 토지 가격을 고려해야 하는가? 정부가 토지를 보유하고 있으므로 토지 구입과 관련된 명시적 비용은 없다. 이 토지에 유치원을 신설하지 않고 임대하면 임대료를 받을 수 있다. 따라서, 정부가 유치원 신설 여부를 결정할 때 임대료를 비용으로서 고려해야 한다. 정부가 토지 매입비를 지출하지 않으나 임대료에 해당하는 기회비용이 발생하기 때문이다.

위 사례와 반대인 경우도 있다. 정부가 단위당 1,000원의 비용으로 전기를 공급한다. 500원은 댐(dam) 건설비이고 나머지 500원은 전기 생산비이다. 그런데, 정부가 댐을 건설한 후 새로운 전기 생산 방식이 나타났다. 이 방식을 택하면 단위당 700원의 비용으로 전기를 생산할 수 있다. 정부는 새로운 방식을 도입해야 하는가?

단위당 비용을 비교하면 새로운 방식이 효율적인 것처럼 보인다. 그러나, 기존 방식에 따른 단위당 비용 중에서 500원은 댐 건설비이므로 매몰비용[4]에 해당한다. 이미 만들어진 댐은 기존 방식으로 전기를 생산해야 가치가 있다. 새로운 방식을 도입하면 댐 건설비는 그 가

---

[4] 장기적인 의사결정에서는 모든 비용이 가변적(可變的)이기 때문에 매몰비용이 존재하지 않는다. 장기비용함수(long-term cost function)에는 고정비용(fixed cost)이 없다.

치가 사라진다. 이 사례에서 댐의 기회비용은 영(0)인 것이다.[5] 새로운 생산 방식의 도입 여부를 결정하는 데 있어서 비교 대상이 되는 단위당 비용은 500원(기존 방식)과 700원(새로운 방식)이므로 기존 방식으로 전기를 생산하는 것이 효율적이다.

두 사례를 요약하면, 첫 번째 사례에서는 정부가 소유한 토지를 사용하므로 명시적 비용은 없으나 기회비용이 발생한다. 반면, 두 번째 사례에서 댐 건설비가 지출되었으나 기회비용이 영(0)이므로 의사결정에 반영되지 않는다.

명시적 비용과 기회비용이 일치하는 경우도 있다. 시장이 경쟁적이면 명시적 비용과 기회비용이 일치한다. 이를 증명해 보자. 정부사업에 노동(L)만 투입된다면 이 사업에 소요되는 비용은 식 (3.4)가 된다. 식 (3.4)에서 포기된 생산은 노동을 다른 사업에 투입하면 가능한 생산을 의미한다. MP_L은 노동의 한계생산성(marginal product of labor), p는 생산한 재화의 가격이다.

$$기회비용 = 포기된\ 생산 \times 가격 = (L \times MP_L) \times p = L \times (MP_L \times p)$$
$$(3.4)$$

식 (3.4)에서 $MP_L \times p$는 노동의 한계생산가치(value of marginal product of labor: VMP_L)이다. 노동시장이 경쟁적이면 노동의 한계생산가치는 임금(w)과 일치하므로 식 (3.5)가 성립한다. 식 (3.5)에서 $L \times w$는 정부사업에 투입된 노동에 대한 지출이므로 명시적 비용이라고 할 수 있다. 따라서, 이 경우에는 기회비용과 명시적 비용이 일치한다.

$$기회비용 = L \times VMP_L = L \times w - 명시적\ 비용 \qquad (3.5)$$

---

5) 기회비용이 영(0)인 자산을 특정자산(specific asset)이라고 한다. 특정한 용도에만 사용되는 자산이라는 뜻이다.

부록 5. 새만금사업과 매몰비용

2006년 3월 대법원 전원합의체는 새만금간척종합개발사업(이하 새만금사업)에 대한 취소 소송에서 상고를 기각함으로써 새만금사업의 타당성을 인정하였다. 아래에서는 다수 의견과 소수 의견을 소개한 후, 매몰비용의 측면에서 저자의 견해를 밝힌다.

[표 3-3] 다수 의견

공유수면을 매립하거나 간척하여 농지와 담수호를 조성함으로써 농지 조성과 용수 개발을 주 목적으로 하는 간척종합개발사업을 하기 위해서는 공익상의 가치와 아울러 경제상의 가치를 함께 갖추어야 할 것이다. 1988년 당시 한국산업경제연구원의 경제성 분석보고서 및 새만금사업 기본계획에는 감사원 감사에서 지적된 바와 같이 농수산 중심 개발안에 대하여 일부 비용을 누락한 채 관광 편익 및 항만 편익을 계상하고 수질 오염 등으로 시행이 불투명한 담수어 양식장 편익 등을 계상한 하자가 있기는 하지만, 그 감사 결과에 의하더라도 오류를 수정하여 경제성을 재검토하였을 경우 할인율 10%를 기준으로 한 농수산 중심 개발안의 편익, 비용 비율은 0.99에 이르고 있어 편익과 비용이 거의 대등하다.

[표 3-4] 소수 의견

사업의 계속성을 주장하는 입장에서는 지금까지 약 1조 9,000억 원의 비용을 들여 방조제를 거의 완성해 둔 단계에서 사업을 중단하는 것은 경제적으로 너무 큰 손실이라고 주장하나, 당초 총 1조 3,000억 원 정도로 계획되었던 사업비가 근래에 와서는 총 3조 5,000억 원 정도로 대폭 증가된 것으로 보아, 향후 수질 목표 달성에 차질이 생기는 경우 추가로 소요될 수질관리 비용과 순차개발 방식에서 담수화가 계획보다 늦어지게 되는 경우 증가될 비용 등을 고려하면 새만금사업의 총사업비용은 앞으로도 계속 증가될 가능성을 배제할 수 없는데, 앞으로 얼마가 더 들지도 모르는 비용을 모두 투입한 뒤 수질 목표 달성이 불가능하거나 해양 환경에 수인할 수 없는 훼손이 발생하여 부득이 담수화를 포기하는 사태로 연결된다면, 지금까지 투입된 비용을 포기하는 일이 있더라도 현 단계에서 사업을 중단하는 것이 더 큰 손실과 재앙을 막는 길이 될 수도 있을 것이다. 이 사건에서 새만금사업이 취소되어 공사를 중단하는 사태가 발생하더라도 현재까지 시공된 방조제를 그대로 둔 채 활용하면서도 새만금 갯벌을 살리는 환경친화적인 대안을 모색할 경우에는 방조제 건설을 위하여 투입된 비용이 전부 매몰되지는 않을 방법을 찾을 수도 있다고 생각된다.

다수 의견은 새만금사업으로 발생한 편익과 비용의 비율이 거의 1이므로 경제성이 있다고 보았다. 그러나, 이 사건에서 쟁점은 새만금사업의 중단 여부를 판단하는 것이므로 향후 소요될 비용과 새만금사업이 종료된 후 발생하는 편익의 크기를 비교해야 한다. 새만금사업을 중단하면 이미 지출한 비용은 매몰되기 때문이다. 소수 의견은 이미 1조 9천억 원을 지출하였다고 해서 새만금사업을 계속 할 필요는 없다는 것이다. 1조 9천억 원을 썼으나 총사업비가 3조 5천억 원으로 추정되므로 향후 1조 6천억 원의 비용이 소요될 것이다. 다수 의견에 의하면, 편익은 약 1조 3천억 원으로 추정되므로 새만금사업을 계속 진행하면 약 3,000억 원의 손실이 발생할 것으로 예상된다. 따라서, 소수 의견이 옳다고 할 수 있다.

제**4**장

지불의사금액의 측정

앞에서 논의한 바와 같이 재화나 서비스로부터 소비자[1]가 얻는 효용은 지불의사금액으로 측정이 가능하다. 그렇다면, 지불의사금액을 어떻게 측정하는가? 지불의사금액을 측정하는 방법을 분류하면 〈그림 4-1〉과 같다.

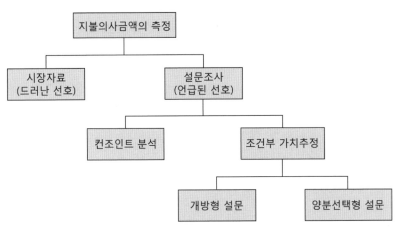

〈그림 4-1〉 지불의사금액의 측정 방법

---

1) 정부사업을 통해 재화나 서비스가 공급되므로 정책대상자를 소비자라고 할 수 있다.

소비자가 특정 재화나 서비스를 어떤 가격에 얼마나 구입하는지를 관찰해서 지불의사금액을 측정할 수 있다. 이는 시장자료(market data)를 바탕으로 수요함수를 추정하는 것이므로 시장에서 드러난 선호(revealed preference)를 파악하는 방법이다. 수요함수를 직접적으로 추정하기 위해서는 가격과 수요량에 대한 자료가 필요하므로 특정 재화나 서비스가 시장에서 거래되지 않는다면 이 방법을 사용할 수 없다. 이 경우에는 잠재적인 소비자를 대상으로 한 설문조사를 바탕으로 지불의사금액을 측정한다. 이는 소비자가 지불하겠다고 응답한 금액을 바탕으로 지불의사금액을 측정하는 것이므로 언급된 선호(stated preference)를 파악하는 방법이다. 설문조사를 활용하는 방법은 컨조인트 분석(conjoint analysis)과 조건부 가치추정(contingent valuation)으로 구분된다. 조건부 가치추정은 개방형(開放形) 설문과 양분(兩分)선택형 설문2)으로 나뉜다.

제1절 시장자료를 사용한 지불의사금액의 측정

수요함수를 직접적으로 추정하기 위해 필요한 기본적인 자료는 가격과 수요량이다. 특정 재화나 서비스의 (가격, 수요량)에 관한 관측치가 많을수록 보다 정확하게 수요함수를 추정할 수 있다.

1. 관측치가 하나인 경우

극단적으로 관측치가 하나인 경우에도 수요함수를 추정할 수 있으나 추가적인 정보가 필요하다. 다음과 같은 경우를 생각해 보자. 현

---

2) 응답자가 몇 번의 선택을 하느냐에 따라 양분선택형 설문은 단일양분선택형, 이중양분선택형, 연속양분선택형 설문으로 구분된다.

재 시민들이 무상(無償)으로 평균 2.6kg의 쓰레기를 배출하고 있다. 시(市)가 킬로그램당 50원의 배출 요금을 부과하려고 한다. 쓰레기 1kg 배출에 대한 시민들의 평균적인 지불의사금액(편익)은 얼마인가? 쓰레기 1kg 배출에 대한 지불의사금액을 측정하기 위해서는 쓰레기 배출의 수요함수를 추정해야 한다. 수요함수는 소비자의 효용을 나타내기 때문이다.

수요함수를 추정하기 위해서는 수요함수의 형태를 가정해야 한다. 가장 단순한 형태의 수요함수는 선형(linear)이다. 쓰레기 배출의 수요함수를 선형으로 가정하면 요금이 영(0)일 때 배출량이 2.6kg이므로 수요함수는 식 (4.1)이 된다. 더 이상의 관측치가 없으므로 식 (4.1)의 b 즉, 수요함수의 기울기를 추정할 수 없다. 다만, 유사한 선행연구에 의해 b가 -0.4로 추정되었다면 쓰레기 배출의 수요함수는 식 (4.2)가 된다. 식 (4.2)에 의하면 요금이 영(0)에서 50원으로 인상될 경우 배출량은 2.6kg에서 $2.4(2.6-(0.4 \times 0.5))$kg으로 감소한다.

$$q = 2.6 + bp \qquad\qquad\qquad\qquad\qquad\qquad (4.1)^{3)}$$
$$q = 2.6 - 0.4p \qquad\qquad\qquad\qquad\qquad\qquad (4.2)$$

식 (4.2)를 그림으로 나타내면 〈그림 4-2〉가 된다. 쓰레기 배출의 수요함수는 (0, 2.6)과 (0.5, 2.4)를 통과하는 직선이다. 〈그림 4-2〉로부터 우리는 쓰레기 1kg 배출에 대한 평균적인[4] 지불의사금액을 측정할 수 있다. 쓰레기 배출량이 1kg일 때 주민이 얻는 편익은 A+B인데 주민이 실제로 지불하는 금액은 A이므로 B가 소비자 잉여이다.

---

3) q는 쓰레기 배출량, p는 킬로그램당 배출 요금(100원 단위)이다. 배출량이 배출 요금만의 함수라고 가정한다.

4) 〈그림 4-2〉는 대표적인(representative) 주민의 수요함수이므로 이로부터 측정하는 지불의사금액은 주민들의 평균적인 금액이다.

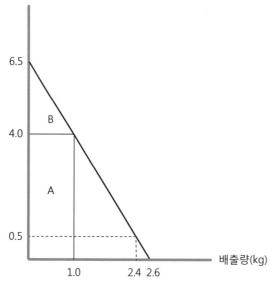

배출 요금(100원)

6.5

B

4.0

A

0.5

배출량(kg)

1.0   2.4 2.6

〈그림 4-2〉 쓰레기 1kg 배출에 대한 지불의사금액

$$A + B = (1.0 \times 400원) + (\frac{1}{2} \times 1.0 \times (650원 - 400원))$$

$$= 400원 + 125원 = 525원 \tag{4.3}$$

2. 관측치가 둘인 경우

다른 사례를 생각해 보자. 과거 시가 킬로그램당 배출 요금을 100원에서 250원으로 인상함에 따라 배출량이 2.5kg에서 2.4kg으로 감소하였다면 우리는 두 개의 관측치, (100원, 2.5kg)과 (250원, 2.4kg)을 갖는다. 이 경우에는 외삽법(extrapolation)을 사용하여 수요함수를 추정할 수 있다. 우리가 관찰한 시장 자료는 100~200원의 가격 구간에 한정된 것이지만 외삽법은 이러한 관계가 모든 가격 구간에서 성립한다고 가정한다. 다만, 관측치가 두 개이므로 추정할 수 있는 모수(parameter)는 두 개를 초과할 수 없다. 이 경우에도 쓰레기 배출량은

배출 요금만의 함수라고 가정한다.

　앞에서 수요함수를 선형으로 가정하였지만 "가격탄력성이 일정한 (constant elasticity)" 수요함수를 추정할 수도 있다. 가격탄력성이 일정한 수요함수는 식 (4.4)와 같이 정의된다. 식 (4.4) 자체는 선형이 아니지만 양변에 자연 로그(natural logarithm)를 취하면 식 (4.5)와 같이 선형화된다. 식 (4.4)와 (4.5)에서 b_1은 수요의 가격탄력성을 나타낸다.[5] 이에 따라, 식 (4.4)를 가격탄력성이 일정한 수요함수라고 한다.[6]

$$q = b_0 p^{b_1} \tag{4.4}$$

$$\ln(q) = \ln(b_0) + b_1 \ln(p) = b'_0 + b_1 \ln(p) \tag{4.5}$$

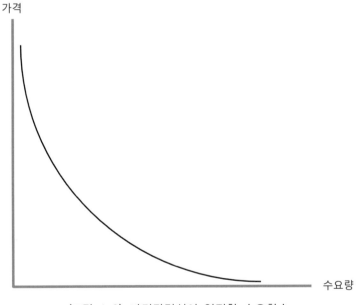

〈그림 4-3〉 가격탄력성이 일정한 수요함수

---

5)　이에 대해서는 부록 6에서 설명한다.
6)　선형 수요함수의 경우 수요함수의 기울기가 일정하지만 어떤 가격 수준에서 측정하느냐에 따라 수요의 가격탄력성은 달라진다.

일반적으로 가격이 오르면 수요량이 감소하기 때문에 $b_1 < 0$이므로 가격탄력성이 일정한 수요함수는 〈그림 4-3〉과 같이 우하향하는 곡선이 된다. 〈그림 4-3〉에서 확인되듯이, 가격탄력성이 일정한 수요함수는 수평축이나 수직축과 만나지 않는다. 가격이 영(0)일 때의 수요량, 수요량이 영(0)이 되는 가격이 정의되지 않는다.

[표 4-1]은 쓰레기 배출 요금이 각각 100원, 250원일 때 추정된 배출량과 실제 배출량을 비교한 것이다. [표 4-1]로부터 식 (4.6)과 (4.7)의 연립방정식이 유도된다. 식 (4.6)을 풀면 선형 수요함수(식 (4.8))가, 식 (4.7)을 풀면 가격탄력성이 일정한 수요함수(식 (4.9))가 도출된다.

[표 4-1] 쓰레기 배출 요금과 배출량

| 배출 요금 | 추정된 배출량 | | 실제 배출량 |
	$q = b_0 + b_1 p$ (선형 수요함수)	$q = b_0 p^{b_1}$ (가격탄력성이 일정한 수요함수)	
100원	$b_0 + b_1$	b_0	2.5
250원	$b_0 + 2.5 b_1$	$b_0 (2.5)^{b_1}$	2.4

$$b_0 + b_1 = 2.5, \ b_0 + 2.5 b_1 = 2.4 \tag{4.6}$$

$$b_0 = 2.5, \ b_0 (2.5)^{b_1} = 2.4 \tag{4.7}$$

$$q = 2.567 - 0.067p \tag{4.8}$$

$$q = 2.5 (p)^{-0.0445} \tag{4.9}$$

이상의 논의를 일반화한 것이 〈그림 4-4〉이다. 두 개의 관측치 a와 b가 있으면 선형 또는 가격탄력성이 일정한 수요함수를 가정하고 외삽법을 적용하여 〈그림 4-4〉와 같은 수요함수를 추정하는 것이 가능하며, $q^* \text{kg}$의 쓰레기 배출에 대한 지불의사금액을 측정할 수 있다.

선형 수요함수를 가정하면 사다리꼴의 면적이, 가격탄력성이 일정한
수요함수를 가정하면 회색 부분이 쓰레기 q^* kg 배출의 지불의사금액
이다.

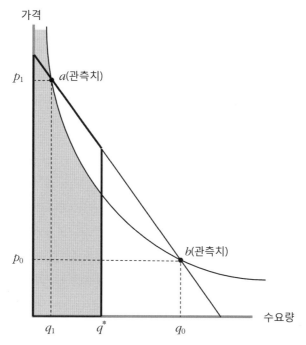

〈그림 4-4〉 선형 수요함수와 가격탄력성이 일정한 수요함수

　　외삽법을 사용하여 수요함수를 추정하면 이를 바탕으로 가격과
수요량에 대한 자료를 만들어낼 수 있다. 물론, 이는 실체치가 아니며
우리가 추정한 수요함수에 의해 예측된 값이다. 이 사례에서 실제 자
료는 (100원, 2.5kg)과 (250원, 2.4kg)이지만 배출 요금이 150원 또는
200원일 때의 배출량을 만들어 낼 수 있다. 이를 보간법(interpolation)
이라고 한다. 100원과 250원 사이의 공간을 채우는 것이 보간법이다.
[표 4-2]는 100~250원의 가격 구간에 대해 보간법을 적용한 결과이다.

[표 4-2] 보간법 적용 사례

배출 요금	배 출 량	
	선형 수요함수	가격탄력성이 일정한 수요함수
100원	2.50kg	2.50kg
150원	2.47kg	2.46kg
200원	2.43kg	2.42kg
250원	2.40kg	2.40kg

3. 관측치가 충분히 많은 경우

특정 재화나 서비스의 가격과 수요량, 소비자의 특성에 관한 자료가 충분히 많으면 회귀분석(regression analysis)을 통해 수요함수를 추정할 수 있다. 이 경우 수요량은 종속변수로, 가격과 소비자의 특성에 관한 변수가 설명변수로 설정된다. 수요량에 영향을 미치는 모든 설명변수가 모형에 포함되어야 하지만 이는 현실적으로 불가능하다. 특정 변수에 관한 자료를 구하는 것이 어려울 수 있으며, 설명변수 간 상관성이 높으면 일부 변수를 모형에서 제외해야 한다. 다만, 수요량에 대한 영향이 크지 않은 설명변수는 무시해도 추정 결과가 크게 달라지지 않는다.

특정 재화나 서비스에 대한 수요량이 가격, 소비자의 소득(y)과 나이(a)의 함수일 때 선형 수요함수를 가정하면 식 (4.10)이, 가격탄력성이 일정한 수요함수를 가정하면 식 (4.11)이 추정해야 할 모형이 된다. 소비자의 소득과 나이는 소비자의 특성을 나타내는 변수이다.

$$q = b_0 + b_1 p + b_2 y + b_3 a \qquad (4.10)$$

$$\ln(q) = b_0 + b_1 \ln(p) + b_2 \ln(y) + b_3 \ln(a) \qquad (4.11)$$

수요함수를 식 (4.10)으로 가정하고 일반 시민을 대상으로 자료를 수집하여 회귀분석을 수행한 결과가 식 (4.12)일 때 쓰레기 1kg 배출의 평균적인 지불의사금액은 얼마인가?

$$q = 1,000 - 100p + 5y - 200a \qquad (4.12)^{7)}$$

식 (4.12)로부터 주민의 평균적인 지불의사금액을 계산하려면 분석의 대상이 된 시민의 평균적인 소득과 나이를 알아야 한다. 시민의 평균 소득과 나이가 각각 200만 원, 40세이면 식 (4.12)는 식 (4.13)으로 축약된다.

$$q = 1,000 - 100p + (5 \times 2,000) - (200 \times 40)$$
$$= 3,000 - 100p \qquad (4.13)$$

식 (4.13)을 보면 쓰레기 배출량은 배출 요금만의 함수이므로 이를 그림으로 나타낼 수 있다. 쓰레기 1kg 배출의 지불의사금액은 〈그림 4-5〉의 회색 부분인데 이를 금액으로 환산하면 $25,000(\frac{1}{2} \times (20,000+30,000) \times 1)$원이다.

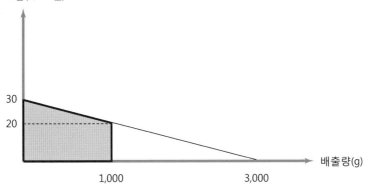

〈그림 4-5〉 쓰레기 1kg 배출의 지불의사금액

---

7) q는 한 사람이 한 달간 배출하는 쓰레기의 양을 나타내는데 단위는 그램이다. 가격과 소득의 단위는 1,000원이다.

부록 6. 가격탄력성이 일정한 수요함수

수요함수가 식 (4.14)와 같으면 식 (4.15)가 성립하므로 수요의 가격탄력성(η)은 가격이나 수요량과 무관하게 일정하다.[8] 식 (4.14)의 y는 소비자의 소득을 나타낸다.

$$q = kp^a y^b \tag{4.14}[9]$$

$$\eta = \frac{dq}{dp} \times \frac{p}{q} = kap^{a-1}y^b \times \frac{1}{kap^{a-1}y^b} = a \tag{4.15}$$

본문의 〈그림 4-3〉에서 가격탄력성이 일정한 수요함수를 원점에 대해 볼록하게 그린 이유는 아래와 같이 식 (4.14)를 한 번 미분한 수요함수의 기울기는 부(−), 두 번 미분한 수요함수의 기울기의 변화율이 정(+)이기 때문이다.

$$\frac{dq}{dp} = kap^{a-1}y^b < 0 \tag{4.16}$$

$$\frac{d^2q}{dp^2} = ka(a-1)p^{a-2}y^b > 0 \tag{4.17}$$

---

8) 마찬가지로, 식 (4.14)의 b는 수요의 소득탄력성을 나타낸다. 수요의 소득탄력성도 가격이나 수요량과 무관하게 일정하다.
9) $k > 0$, $a < 0$이다.

부록 7. 가상적인 경매를 통한 수요함수 추정

가상적인 경매를 통해 수요함수를 추정할 수 있다. 이 실험에서 다수의 응답자는 제시된 가격을 지불하고 특정 재화나 서비스를 구입할 것인지를 결정한다.[10] 응답자는 제시된 가격하에서 "예" 또는 "아니오"의 양분적 선택을 한다. 가격은 낮은 가격에서 높은 가격의 순서로 제시된다. 예를 들어, 500명의 응답자에게 50원의 가격을 제시하였을 때 100명이 구입하겠다고 대답한다면, 가격이 50원일 때 이 재화나 서비스가 구매될 확률은 20%이다.

[표 4-3] 가상적인 경매

가격 (원)	"예" 응답자 수	"아니오" 응답자 수	구매 확률	가격 (원)	"예" 응답자 수	"아니오" 응답자 수	구매 확률
5	100	0	1.00	55	42	58	0.42
10	99	1	0.99	60	32	68	0.32
15	97	3	0.97	65	23	77	0.23
20	94	6	0.94	70	16	84	0.16
25	90	10	0.90	75	10	90	0.10
30	85	15	0.85	80	6	94	0.06
35	79	21	0.79	85	3	97	0.03
40	72	28	0.72	90	2	98	0.02
45	63	37	0.63	95	1	99	0.01
50	53	47	0.53	100	0	100	0.00

[표 4-3]은 100명의 응답자가 가상적인 경매에 참여한 결과이다. 가격은 5원에서 시작하여 100원까지 5원 간격으로 총 20번 제시되었다. [표 4-3]을 보면 가격이 5원일 때 100명 모두가 구매하

---

10) 실제로 돈을 지불하고 재화나 서비스를 구입하는 것이 아니므로 "가상적인" 경매이다.

겠다고 대답하였으나, 가격이 상승함에 따라 "예"라고 대답한 응답자의 비율이 감소해서 가격이 100원이면 100명 모두가 구매하지 않겠다고 대답하였다.

[표 4-3]을 그림으로 나타내면 〈그림 4-6〉이 된다. 일반적인 수요함수는 y축이 가격을 나타내지만 〈그림 4-6〉의 y축은 구매 확률이다. 〈그림 4-6〉으로부터 평균적인 지불의사금액을 계산할 수 있다. 〈그림 4-6〉의 19개 막대(직사각형)의 면적을 합한 것이 지불의사금액이다.[11] 막대의 밑변은 5원으로 동일하므로 19개 막대의 면적의 합은 식 (4.18)과 같이 계산된다.

$$
(1.00 \times 5원) + (0.99 \times 5원) + \cdots + (0.01 \times 5원)
$$
$$
= (1.00 + 0.99 + \cdots + 0.01) \times 5원
$$
$$
= 9.67 \times 5원 = 48.35원 \tag{4.18}
$$

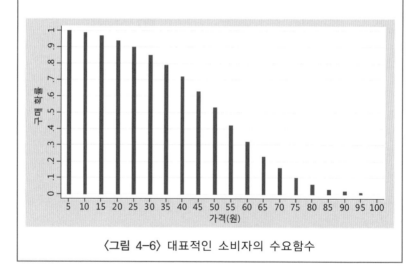

〈그림 4-6〉 대표적인 소비자의 수요함수

---

11) 이 금액은 근사치이다. 충분히 많은 수의 금액을 제시하면 지불의사금액을 정확하게 측정할 수 있다.

제2절 설문조사를 통한 지불의사금액의 측정

시장자료를 사용해서 지불의사금액을 측정하는 것이 설문조사를 통한 측정보다 우월하다. 설문조사의 경우 응답자가 솔직하게 대답하지 않을 가능성이 있기 때문이다. 그럼에도 불구하고, 시장에서 거래되지 않는 재화나 서비스에 대한 지불의사금액을 측정하기 위해서는 설문조사를 할 수밖에 없다.

1. 조건부 가치추정

여기에서는 설문조사를 시행하여 데이터를 수집하고, 조건부 가치추정을 통해 지불의사금액을 측정하는 방법에 대하여 설명한다. 이 과정에서 우리는 어떤 방식으로 설문조사를 시행하고, 그 결과를 어떻게 코딩(coding)하며, 로지스틱 회귀분석(logistic regression analysis) 결과로부터 지불의사금액의 평균과 중간 값을 측정하는 과정을 이해하게 된다. 여기에 제시한 사례는 징역 1년에 대한 지불의사금액을 측정한 것이다. 이를 위해 응답자에게 아래와 같은 가상적인 상황을 제시하였다.

[표 4-4] 조건부 가치추정을 위한 가상적 상황

당신은 죄를 지어서 1년 동안 감옥에 있어야 합니다. 그러나, 벌금을 내면 감옥에 가지 않아도 됩니다.

가상적 상황에 대한 지불의사금액을 묻는 방식은 개방형 설문과 양분선택형 설문으로 구분된다. 이 사례와 같이 징역 1년을 피하는 대가를 주관식으로 답하게 하면 개방형 설문에 해당하고, 응답자에게 특정 금액을 제시하고 지불할 의사가 있는지를 묻는다면 이는 양분선택형 설문이다. 두 방식은 상호 보완적이다. 개방형 설문의 단점은 응답자에게 가이드-라인이 제시되지 않아서 지나치게 높거나 낮은 금액이 나올 수 있다는 것이다. 즉, 이상치(outlier)가 발생할 가능성이 크다. 응답자에게 생소한 재화나 서비스에 대한 지불의사금액을 묻는 경우 이상치가 많이 나타난다.[12] 반면, 양분선택형 설문에서는 응답자에게 금액이 제시되어야 하므로 제시되는 최대 및 최소 금액, 제시되는 금액 수 등이 문제가 된다. 응답자에게 어떤 금액이 제시되느냐에 따라 지불의사금액의 평균과 중간 값이 달라진다.[13]

1) 개방형 설문

개방형 설문을 통해 지불의사금액을 측정하는 경우 아래와 같은 설문지를 사용한다. 가장 중요한 설문 항목은 응답자의 지불의사금액을 묻는 것이지만 이 외에도 응답자의 인구·사회학적 특성을 묻는 항목이 다수 포함된다. 이러한 요인이 지불의사금액에 영향을 미치기 때문이다.

---

12) 징역을 경험하지 않은 시민들은 징역 1년의 고통을 모르므로 우리의 사례에서도 이상치가 나타날 수 있다.
13) 실제로 조건부 가치추정을 할 때는 개방형 설문과 양분선택형 설문을 병행하여 양자의 단점을 보완한다. 예비적인 설문조사로서 개방형 설문을 시행하여 지불의사금액의 최댓값, 최솟값, 중간 값, 평균 등을 파악한 후, 이를 바탕으로 양분선택형 설문을 시행한다. 개방형 설문에서 나타난 지불의사금액의 15~85%에 해당하는 금액을 등(等) 간격으로 나누어서 양분선택형 설문에 사용한다.

[표 4-5] 개방형 설문지

[설문 1] 당신의 성별은 무엇입니까?
　□ 남성 □ 여성

[설문 2] 당신의 나이는 얼마입니까? (　　　)세

[설문 3] 당신의 학력은 어떻습니까?
　□ 고졸 이하 □ 대학 재학 또는 졸업 □ 대학원 재학 또는 졸업

[설문 4] 당신의 월 소득은 얼마입니까?
　□ 100만 원 이하　　　　　　□ 100만 원 초과~200만 원 이하
　□ 200만 원 초과~300만 원 이하 □ 300만 원 초과~50만 원 이하
　□ 500만 원 초과

[설문 5] 당신은 죄를 지어서 1년 동안 감옥에 있어야 합니다. 그러나 벌
　　　　 금을 내면 감옥에 가지 않아도 됩니다. 당신은 얼마까지 지불할
　　　　 의사가 있습니까? (　　　)원

　응답자에게 [표 4-5]를 배부하고 그 결과를 숫자로 표시하면 [표
4-6]과 같은 형태의 자료를 구축할 수 있다. [표 4-6]의 세 번째 행은
첫 번째 응답자에 대한 설문 결과를 코딩한 것이다. 첫 번째 응답자는
남성, 나이는 17세, 학력은 고졸 이하, 소득은 월 100만 원 이하이다.
이 응답자는 징역 1년을 피하는 대가로 1,000만 원을 지불하겠다고
대답하였다. 두 번째 응답자는 25세 남성으로서 학력과 소득은 첫 번
째 응답자와 동일하다. 이 사람의 지불의사금액은 2,000만 원이다.

[표 4-6] 설문 항목과 변수

[설문 1]	[설문 2]	[설문 3]	[설문 4]	[설문 5]
성별	연령	학력	소득	지불의사금액
1	17	1	1	1,000
1	25	1	1	2,000

[표 4-7]은 응답자의 평균적인 특성을 요약한 것이다. 응답자의 약 65%가 남성이고 평균 연령은 36세, 평균적인 학력은 대학 재학 또는 대졸, 월 소득은 200~300만 원이다. [표 4-8]은 응답자가 밝힌 징역 1년에 대한 지불의사금액 분포이다. 개방형 설문에서 응답자는 지불의사금액을 주관식으로 답하므로 대답한 금액의 평균과 중간 값을 계산하면 징역 1년에 대한 지불의사금액을 측정할 수 있다. 이 사례에서 지불의사금액의 평균과 중간 값은 각각 3,500만 원, 2,750만 원이다. 징역 1년을 피하는 대가로 시민들은 약 3,000만 원을 지불할 의사가 있다고 하겠다.

[표 4-7] 응답자의 인구·사회학적 특성

남성 비율	0.65
평균 연령	36세
평균 학력	2.04
평균 소득	2.94
표본 크기	54명

[표 4-8] 지불의사금액 분포

하위 1%	500만 원
하위 5%	500만 원
하위 10%	500만 원
하위 25%	500만~1,000만 원
50%(중간 값)	2,750만 원
상위 25%	5,000만~1억 원
상위 10%	8,000만~1억 원
상위 5%	1억~1.2억 원
상위 1%	1.2억 원

응답자의 어떤 특성이 지불의사금액에 영향을 미치는지를 파악하려면 지불의사금액을 종속변수로, 응답자의 인구·사회학적 특성을

설명변수로 설정한 모형을 수립하고 회귀분석을 하면 된다. [표 4-6]과 같은 자료에 대해 회귀분석을 수행한 결과가 [표 4-9]이다.

[표 4-9] 지불의사금액 결정 요인

	계수	표준 오차	t-값	p-값
성별	14.15	907.94	0.02	0.988
연령	-38.31	34.39	-1.11	0.271
학력	-7.01	848.77	-0.01	0.993
소득	-232.65	299.34	-0.78	0.441
상수항	5563.78	3191.99	1.74	0.088
표본 크기	54			
F-값	0.70			
결정 계수(R^2)	0.04			

주. 종속변수는 응답자가 대답한 지불의사금액이다.

[표 4-9]를 보면 모형의 설명력이 매우 낮다. 응답자의 성별, 연령, 학력, 소득이 지불의사금액에 영향을 미치지 않는 것으로 나타났다. 전반적인 모형의 설명력을 나타내는 F-값과 결정 계수가 매우 작고, 개별 설명변수의 계수에 대한 t-값도 작아서 유의수준 10%를 적용해도 통계학적으로 의미가 없다. t-값이 가장 큰 설명변수는 응답자의 연령인데 약 27%의 유의수준을 적용해야 통계학적으로 의미가 있다. 어쨌든, 연령 변수의 계수가 -38.31이라는 것은 "응답자의 나이가 한 살 많을수록 지불의사금액이 약 38만 원 감소한다."는 의미를 갖는다. 다른 조건이 동일할 때 50세 응답자는 20세 응답자에 비해 지불의사금액이 1,140(38×30)만 원 적다고 할 수 있다. 또한, 다른 조건이 동일하면 남성의 지불의사금액이 여성보다 약 14만 원 많다.

[표 4-10] 지불의사금액 평균

| | 계수 (a) | 평 균 | | | a×b | a×c | a×d |
		전체 (b)	남성 (c)	대졸 이상(d)			
성별	14.15	0.65	1	0.65	9.2	14.2	9.2
연령	−38.31	36	36	36	−1379.2	−1379.2	−1379.2
학력	−7.01	2.04	2.04	3	−14.3	−14.3	−21.0
소득	−232.65	2.94	2.94	2.94	−684.0	−684.0	−684.0
상수항	5563.78	1	1	1	5563.8	5563.8	5563.8
합계					3495.5	3500.5	3488.8

[표 4-7]과 [표 4-9]를 사용해서 징역 1년에 대한 지불의사금액 평균을 계산한 것이 [표 4-10]이다. [표 4-7]에 제시된 성별, 연령, 학력, 소득 변수의 평균과 [표 4-9]의 계수를 곱해서 합산하면 된다. 마찬가지로, 남성의 평균적인 지불의사금액을 계산하려면 성별 변수에 1을, 나머지 설명변수에 평균을 대입하면 된다.[14] 학력이 대졸 이상인 응답자의 평균적인 지불의사금액은 학력 변수에 3을, 나머지 설명변수에 평균을 대입하여 계산한다. 이러한 방식으로 계산한 전체 응답자의 평균적인 지불의사금액은 약 3,500만원[15]이고, 남성이나 대졸 이상 응답자의 지불의사금액은 전체 평균과 거의 같다.

2) 양분선택형 설문

양분선택형 설문에서 응답자는 제시된 금액을 지불할 것인지, 지불하지 않을 것인지를 결정한다. 말 그대로 둘 중 하나를 선택한다. 응답자가 몇 번의 선택을 하느냐에 따라 양분선택형 설문은 세 종류로 나뉜다.

---

14) 여성의 평균적인 지불의사금액은 성별 변수에 0을, 나머지 설명변수에 평균을 대입하여 계산한다.
15) 수학적으로 회귀분석을 통해 측정된 지불의사금액 평균과 응답자가 실제로 대답한 지불의사금액 평균은 일치한다.

첫째, 단일양분선택형 설문에서 응답자는 "당신은 징역 1년을 피하는 대가로 ○○○원을 지불할 것입니까?"라는 질문에 대해 "예" 또는 "아니오"로 대답한다.

둘째, 이중양분선택형 설문의 경우 응답자는 두 번의 선택을 한다. "당신은 징역 1년을 피하는 대가로 ○○○원을 지불할 것입니까?" 라는 질문에 응답자가 "예"라고 대답하면 더 높은 금액이, "아니오"라고 대답하면 더 낮은 금액이 추가로 제시된다. 첫 번째 질문에 어떤 대답을 하든 결과적으로 응답자는 두 번의 선택을 한다. 응답자에게 두 번의 질문을 하는 이유는 ○○○원을 지불하겠다고(지불하지 않겠다고) 대답한 응답자가 동질적이지 않기 때문이다. 이들 중 일부는 더 높은(낮은) 금액을 지불할 의사가 없는 반면, 다른 일부는 지불할 의사가 있다. 이중양분선택형 설문을 하면 양자를 구분할 수 있으므로 단일양분선택형 설문에 비해 더 많은 정보를 얻을 수 있다.

셋째, 이중양분선택형 설문을 확장하면 삼중양분선택형, 사중양분선택형 설문이 가능한데 이들을 통칭하여 연속양분선택형 설문이라고 한다. 응답자에게 더 많은 금액을 제시할수록 더 많은 정보를 얻을 수 있으나 설문의 신뢰도는 떨어진다. 연속양분선택형 설문을 시행할 경우 5~7개의 금액을 내림차순 또는 오름차순으로 제시하는 것이 일반적이다.

단일, 이중, 연속양분선택형 설문은 응답자에게 제시하는 금액 수가 다르지만 지불의사금액 평균과 중간 값을 계산하는 방법은 동일하다. 응답자의 대답이 "예" 또는 "아니오"이므로 공통적으로 로지스틱 회귀분석을 사용한다. 아래에서는 단일양분선택형 설문을 중심으로 지불의사금액 평균과 중간 값을 계산하는 방법을 설명하고, 이중 및 연속양분선택형 설문에 대해서는 자료를 코딩하는 방법을 서술한다.

(1) 단일양분선택형 설문

단일양분선택형 설문조사에서는 [표 4-11]과 같은 설문지가 사용된다.[16] 설문지에서 확인되듯이, 개별 응답자에게 하나의 금액이 제시된다. 그러나, 전체 응답자를 5개 집단으로 나누고 각각에 대해 1,000만 원, 2,000만 원, 3,000만 원, 4,000만 원, 5,000만 원을 제시하면 5개 금액에 대한 대답을 얻을 수 있다. 이러한 설문을 통해 수집된 자료는 [표 4-11]과 같이 코딩된다. 첫 번째 응답자는 17세 남성, 학력은 고졸 이하, 소득은 월 100만 원 이하이다. 이 응답자는 1,000만 원을 지불하겠다고 대답하였다. 반면, 25세 여성 응답자는 3,000만 원을 지불하지 않겠다고 대답하였다. 로지스틱 회귀분석에서 앞의 5개 변수는 설명변수로, 마지막 변수는 종속변수로 설정된다.

[표 4-11] 단일양분선택형 설문지와 변수

[설문 5] 당신은 죄를 지어서 1년 동안 감옥에 있어야 합니다. 그러나, 벌금을 내면 감옥에 가지 않아도 됩니다. 당신은 1,000만 원을 지불하겠습니까?

□ 예   □ 아니오

[설문 1]	[설문 2]	[설문 3]	[설문 4]	[설문 5]	
성별	연령	학력	소득	제시된 금액	지불 의사
1	17	1	1	1,000	1
2	25	1	2	3,000	0

[표 4-12]는 [표 4-11] 자료에 대해 로지스틱 회귀분석을 수행한 결과이다. 모형의 설명력은 개방형 설문에 비해 높다. 응답자 입장에서 양분선택이 상대적으로 용이하다는 것을 알 수 있다. 응답자의 나이, 학력, 소득이 지불 의사에 영향을 미치는 것으로 나타났고, 제시되는 금액이 커질수록 지불 가능성이 낮아진다는 사실이 확인되었다.

---

16) 인구·사회학적 특성에 관한 설문 항목은 생략.

[표 4-12] 지불의사 결정 요인

	계 수	표준 오차	t-값	p-값
성별	−0.064	0.165	−0.39	0.697
나이	0.026	0.006	4.28	0.000
학력	−0.311	0.132	−2.36	0.018
소득	0.402	0.086	4.67	0.000
제시된 금액	−0.00095	0.00007	−13.90	0.000
상수항	2.674	0.331	8.07	0.000
표본 크기	220			
LR Chi^2	358.87			
결정 계수(R^2)	0.27			

[표 4-12]로부터 지불의사금액 평균과 중간 값을 어떻게 계산하는가? 회귀분석의 경우에는 비교적 쉽게 평균과 중간 값을 계산할 수 있으나 로지스틱 회귀분석은 계산 과정이 복잡하다. 지불의사금액 평균과 중간 값을 계산하는 공식은 아래와 같다.[17] 식 (4.19)에서 β는 제시된 금액 변수의 계수, X와 β'은 각각 나머지 설명변수(상수항 포함)의 평균과 계수이다. M$^{\max}$는 제시된 금액의 최댓값을 나타낸다.[18] 식 (4.20)에서 α는 상수항이다.

$$지불의사금액\ 평균 = \frac{1}{\beta} \times \ln\left(\frac{1 + \exp(X\beta')}{1 + \exp(X\beta' - \beta M^{\max})}\right) \quad (4.19)$$

$$지불의사금액\ 중간\ 값 = -\frac{\alpha}{\beta} \quad (4.20)$$

---

17) 공식의 유도 과정은 생략한다.
18) 이 사례에서는 5,000만 원이 M$^{\max}$이다.

[표 4-13] 지불의사금액 평균과 중간 값

	계수(A)	변수값(B)	A×B
성별	−0.064	0.63	−0.0403(a)
나이	0.026	38.79	1.0085(b)
학력	−0.311	1.72	−0.5349(c)
소득	0.402	2.65	1.0653(d)
제시된 금액	−0.00095(β)	5,000(M^{max})	−4.75
상수항	2.674(α)		
$X\beta'$	$a+b+c+d+\alpha$		4.1726
βM^{max}			−4.75
$X\beta' - \beta M^{max}$			8.9226
$\exp(X\beta')$			64.8839
$\exp(X\beta' - \beta M^{max})$			7499.563
$1+\exp(X\beta')$			65.8839
$1+\exp(X\beta' - \beta M^{max})$			7500.563
$\ln\left(\dfrac{1+\exp(X\beta')}{1+\exp(X\beta' - \beta M^{max})}\right)$			−4.7348(e)
$\dfrac{1}{\beta}$			−1052.632(f)
지불의사금액 평균	$e \times f$		4984.0
지불의사금액 중간 값	$-\dfrac{\alpha}{\beta}$		2814.7

　　[표 4-12]와 식 (4.19) 및 식 (4.20)을 사용하여 지불의사금액 평균과 중간 값을 계산한 결과가 [표 4-13]이다. [표 4-13]의 마지막 두 행을 보면 지불의사금액 평균은 약 5,000만 원, 중간 값은 약 2,800만 원이다.

(2) 이중양분선택형 설문

　　이중양분선택형 설문의 경우 개별 응답자에게 두 개의 금액이 제시된다. 첫 번째 단계에서 특정 금액을 제시하여 지불 의사를 확인한 후, 두 번째 단계에서는 원 금액보다 많거나 적은 금액을 제시한다. 첫 번째 단계에서 지불하겠다고 대답한 응답자에게는 원 금액의 두 배를, 지불하지 않겠다는 응답자에게는 절반의 금액을 두 번째 단계에서 제시한다. 예를 들어, 첫 번째 단계에서 응답자별로 1,000만 원, 3,000만 원, 5,000만 원 중 하나를 제시한다면, 두 번째 단계에서는 500만 원, 1,500만 원, 2,000만 원, 2,500만 원, 6,000만 원, 1억 원 중 하나가 제시되므로 결과적으로 9개의 금액이 제시된다.[19]

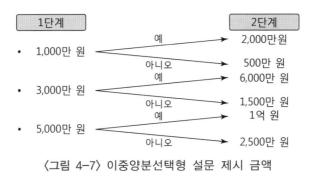

〈그림 4-7〉 이중양분선택형 설문 제시 금액

구체적으로 이중양분선택형 설문에서는 [표 4-14]와 같은 설문지가 사용된다. 첫 번째 응답자에게는 1,000만 원이 제시되었는데 지불하겠다고 대답하였으므로 추가로 2,000만 원이 제시되었다. 이 응답자는 2,000만 원도 지불하겠다고 대답하였다. 두 번째 응답자는 3,000만 원은 지불하지 않으나 1,500만 원은 지불하겠다고 대답한 경우에 해당한다. 세 번째 응답자는 3,000만 원, 6,000만 원 모두 지불하겠다고 대답하였다.

---

19) 만약, 첫 번째 단계에서 4개의 금액을 제시한다면, 두 번째 단계에서는 8개의 금액이 제시되므로 결과적으로 12개의 금액이 제시된다.

[표 4-14] 이중양분선택형 설문지와 변수

[설문 5] 당신은 죄를 지어서 1년 동안 감옥에 있어야 합니다. 그러나, 벌금을 내면 감옥에 가지 않아도 됩니다. 당신은 1,000만 원을 지불하겠습니까?

　□ 예 (①로)　　　　　　　　　□ 아니오 (②로)

① 당신은 2,000만 원을 지불하겠습니까?
　□ 예　　　　　　　　　　□ 아니오

② 당신은 500만 원을 지불하겠습니까?
　□ 예　　　　　　　　　　□ 아니오

[설문 1]	[설문 2]	[설문 3]	[설문 4]	[설문 5]	
성별	연령	학력	소득	제시된 금액	지불 의사
1	30	1	1	1,000	1
1	30	1	1	2,000	1
2	25	1	2	3,000	0
2	25	1	2	1,500	1
1	47	2	3	3,000	1
1	47	2	3	6,000	1

(3) 연속양분선택형 설문

연속양분선택형 설문의 경우 응답자에게 제시되는 금액이 5~7개로서 상대적으로 많으나, 설문지의 내용과 자료 코딩 과정은 단일 또는 이중양분선택형 설문과 유사하다. 연속양분선택형 설문지 내용과 코딩된 자료는 [표 4-15]와 같다. 첫 번째 응답자에 대한 설문은 ②에서 종료되었다. 이 응답자는 2,000만 원까지는 지불하겠다고 하였으나 3,000만 원은 지불하지 않겠다고 대답하였다. 3,000만 원을 지불하지 않겠다고 하였으므로 4,000만 원과 5,000만 원도 지불하지 않는 것으로 처리하였다. 두 번째 응답자는 4,000만 원까지 지불할 의사가 있으나 5,000만 원은 지불하지 않는 경우에 해당한다.

[표 4-15] 연속양분선택형 설문지와 변수

[설문 5] 당신은 죄를 지어서 1년 동안 감옥에 있어야 합니다. 그러나, 벌
금을 내면 감옥에 가지 않아도 됩니다. 당신은 1,000만 원을 지
불하겠습니까?

  □ 예 (①로)   □ 아니오 (종료)

① 당신은 2,000만 원을 지불하겠습니까?

  □ 예 (②로)   □ 아니오 (종료)

② 당신은 3,000만 원을 지불하겠습니까?

  □ 예 (③으로)   □ 아니오 (종료)

③ 당신은 4,000만 원을 지불하겠습니까?

  □ 예 (④로)   □ 아니오 (종료)

④ 당신은 5,000만 원을 지불하겠습니까?

  □ 예   □ 아니오

[설문 1]	[설문 2]	[설문 3]	[설문 4]	[설문 5]	
성별	연령	학력	소득	제시된 금액	지불 의사
2	35	2	2	1,000	1
2	35	2	2	2,000	1
2	35	2	2	3,000	0
2	35	2	2	4,000	0
2	35	2	2	5,000	0
1	47	3	1	1,000	1
1	47	3	1	2,000	1
1	47	3	1	3,000	1
1	47	3	1	4,000	1
1	47	3	1	5,000	0

2. 컨조인트 분석

컨조인트 분석은 방법론상 양분선택형 설문과 유사하지만, 응답자의 선택이 용이하다는 점에서 양분선택형 설문보다 우월하다. 특정 상황에 대한 수용 여부를 결정하는 것보다 복수의 상황을 비교하여 순위를 정하는 것이 쉽기 때문이다. 예를 들면, 대안 A와 B 각각에 대해 찬성 여부를 결정하는 것보다 양자에 대해 선호하는 순위를 정하는 것이 쉽다. 다만, 컨조인트 분석은 이행성(transitivity) 문제를 야기할 수 있다. 이 문제는 복수의 대안을 비교해서 순위를 정할 때 나타난다. 어떤 사람이 대안 A를 B보다 선호하고, 대안 B를 C보다 선호한다면, 대안 A를 C보다 선호해야 한다. 현실에서는 이 사람이 대안 C를 A보다 선호할 수 있다.[20)

시가 시민들에게 수돗물을 공급하는 경우를 생각해 보자. 시가 수돗물을 공급하는 방식은 세 가지가 가능하다. 정책 1은 수돗물의 질은 하이지만 요금은 영(0)이고, 정책 2와 정책 3은 시민들이 요금을 내고 양질의 수돗물을 공급받는 것이다. 정책 3은 정책 2에 비해 수돗물의 질과 요금이 높다.

[표 4-16] 수돗물 공급 방식

	정책 1	정책 2	정책 3
수돗물의 질(*Quality*)	하	중	상
요금(*WTP*)	무상	월 1만 원	월 3만 원

시가 시민들의 수돗물에 대한 지불의사금액을 측정하기 위해 300명을 대상으로 설문조사를 할 경우 양분선택형 설문에서는 정책 1, 정책 2, 정책 3이 각각 100명의 응답자에게 제시되므로 복수의 정책이 비교되지 않는다. 응답자는 정책 1과 2, 정책 2와 3을 비교하지 않

---

20) 어떤 사람이 대안 A, B, C에 대해 A>B>C라고 대답하더라도 대안 A, B, C, D에 대해 A>B>C>D로 응답할 수도 있다. 이 사람은 무관한 대안으로부터의 독립 (independence from irrelevant alternative) 원칙을 위반한 경우에 해당한다.

는다. 결과적으로 정책별로 100개의 응답(예 또는 아니오)이 나온다. 설문 결과는 [표 4-17]과 같이 나타나므로 추정해야 할 모형은 식 (4.21)이 된다. 식 (4.21)의 y는 0 또는 1의 값을, $Quality$는 1~3의 값을 갖는다.[21] WTP는 0, 10,000, 30,000 중 하나가 된다.

[표 4-17] 조건부 가치추정을 위한 설문 결과

수용 여부(y)	정책 1	정책 2	정책 3
예	70명	60명	50명
아니오	30명	40명	50명
합계	100명	100명	100명

주. 응답자 수는 300명.

$$y = b_0 + b_1 Quality + b_2 WTP \tag{4.21}$$

이 사례에서 컨조인트 분석을 수행하려면 100명의 응답자에게 정책 1, 정책 2, 정책 3을 모두 제시하고 선호하는 순위를 물어야 한다.[22] 개별 응답자가 1, 2, 3순위를 밝히면 [표 4-18] 첫 번째 표와 같이 정책별로 100개의 순위가 나타난다. 예를 들면, 정책 1을 가장 선호하는 사람은 50명, 두 번째로 선호하는 사람은 40명, 가장 싫어하는 사람이 10명이다. 구체적으로 컨조인트 분석에서는 [표 4-18] 두 번째 표와 같은 자료가 사용된다. 첫 번째 응답자(40세 여성)는 정책 3을 가장 선호하고 정책 1을 가장 꺼린다는 것을 알 수 있다. 또한, 두 번째 응답자(30세 남성)는 정책 2를 가장 선호하고 정책 1을 가장 싫어한다.

컨조인트 분석에서 추정할 모형은 식 (4.22)이다. 종속변수인 y는 순위 변수로서 1~3의 값을 갖기 때문에 로지스틱 회귀분석을 할 수 없다. 종속변수 범주가 세 개 이상이고 개별 범주가 순위를 나타내면

---

21) 상=3, 중=2, 하=1로 코딩할 수 있다.
22) 5점 또는 10점 척도를 사용하여 선호도를 측정할 수도 있다.

순위 로지스틱(ordered logistic), 순위 프로빗(ordered probit), 토빗 (tobit) 회귀분석을 수행할 수 있다. 식 (4.22)에서 *Gender*, *Age*, *Education*, *Income* 변수는 각각 응답자의 성별, 연령, 학력, 소득을 나타낸다.

$$y = b_0 + b_1 Gender + b_2 Age + b_3 Education + b_4 Income + b_5 Quality + b_6 WTP$$

[표 4-18] 컨조인트 분석을 위한 설문 결과와 변수

	정책 1	정책 2	정책 3	합계
1순위	50명	20명	30명	100명
2순위	40명	50명	10명	100명
3순위	10명	30명	60명	100명
합계	100명	100명	100명	

주. 응답자 수는 100명.

[설문 1]	[설문 2]	[설문 3]	[설문 4]	[설문 5]		
성별	연령	학력	소득	수돗물의 질	요금	순위
2	40	3	2	3	30000	1
2	40	3	2	2	10000	2
2	40	3	2	1	0	3
1	30	2	1	3	30000	3
1	30	2	1	2	10000	1
1	30	2	1	1	0	2

제5장

기회비용의 측정

물리적 편익과 비용의 경제적 가치를 정확하게 측정하기 위해서는 정부사업의 투입과 산출의 기회비용을 계산해야 한다. 이 장의 주된 내용은 세 가지이다. 제1절에서는 회계가격(accounting price)[1]을 측정하는 방법을 소개하였다. 제2절의 내용은 중요한 생산요소인 노동의 기회비용을 측정하는 것이다. 끝으로, 기회비용을 측정한 다양한 사례를 3절에 제시하였다.

제1절 회계가격: LMST[2] 방법

LMST 방법은 투입과 산출의 시장가격에 회계가격비율(accounting price ratio)을 곱해서 회계가격을 구하는 것이다. 따라서, 회계가격비율은 시장가격을 회계가격으로 바꾸어 주는 변환계수(conversion factor)라고 할 수 있다. 원칙적으로 교역이 가능한 투입이나 산출[3]의

---

1) 회계가격은 시장가격과 대조되는 개념으로서 기회비용이 반영된 가격이다. 다른 말로 그림자 가격(shadow price)이라고 한다.
2) LMST는 네 사람, Little, Mirrless, Squir, Tak의 첫 글자를 딴 것이다.
3) 정부사업에 투입된 재화 중에는 외국에서 수입되거나 수출이 가능한 것이 있다. 또한, 정부사업의 산출 중 일부는 수입 재화를 대체하거나 수출이 가능하다.

가치는 국제가격으로 평가한다. 수출이나 수입이 가능한 교역재(tradable good)는 국내가격보다 국제가격이 기회비용을 잘 나타내기 때문이다. 국내가격에는 관세, 세금, 운송비 등이 포함되므로 기회비용과 괴리가 생긴다. LMST 방법을 적용해서 회계가격을 계산할 경우 투입과 산출을 수출 재화, 수입 재화, 비교역 재화(non-tradable good)로 분류한다. 아래에서는 수출 재화, 수입 재화, 비교역 재화의 순으로 회계가격을 계산하는 방법에 대해 설명한다.

1. 수출 재화

여기에서는 정부사업으로 생산된 재화가 수출되는 경우와 수출이 가능한 재화가 정부사업에 투입되는 경우에 회계가격이 어떻게 계산되는지를 살펴본다.

정부사업으로 생산된 재화를 수출할 경우 회계가격은 [표 5-1]과 같이 계산된다. 이 재화의 시장가격은 본선 인도 조건[5]으로 10,000원이지만 회계가격은 9,950원이다. 여기에서 주의해야 할 항목은 수출세이다. 수출세는 이 재화를 소비하는 수입국의 국민이 부담하기 때문에 회계가격비율 1.00을 적용한다.

[표 5-1] 수출 재화의 회계가격

	시장가격		회계가격비율	회계가격
	달러	원(a)	(b)	(a×b)
본선 인도 가격	10	10,000		9,950[4]원
1. 공장출하 가격	7.4	7,400	1.00	7,400원
2. 운송비	0.1	100	0.50	50원
3. 수출세	2.5	2,500	1.00	2,500원

주. 1달러=1,000원

---

4) $(7,400 \times 1.00) + (100 \times 0.50) + (2,500 \times 1.00)$
5) 본선 인도 가격에는 수출국 항구에 정박 중인 배에 물건을 선적할 때까지 소요된 모든 비용이 포함된다.

수출할 수 있는 재화를 정부사업에 사용하면 [표 5-1]에 두 개의 항목이 추가된다. 정부사업에 투입되는 과정에서 운송비와 유통비가 소요될 수 있다. [표 5-1]에서 계산한 회계가격에 국내 운송비와 국내 유통비의 회계가격을 더하면 10,850원이 된다.

[표 5-2] 잠재적인 수출 재화의 회계가격

	시장가격		회계가격비율	회계가격
	달러	원(a)	(b)	(a×b)
본선 인도 가격	10	10,000		9,950원
국내 운송비		200	0.50	100원
국내 유통비		1,000	0.80	800원
합 계		11,200		10,850[6]원

2. 수입 재화

정부가 사업을 시행하는 과정에서 재화 A를 수입한 경우를 생각해 보자. 재화 A의 가격은 선적지 인도 조건[7]으로 40달러이다. 선적지 인도 조건으로 수입된 재화 A를 정부사업에 투입하는 과정에서 [표 5-3]과 같은 비용이 추가된다. 재화 A의 시장가격은 51,500원인데 이 중에서 11,500(51,500 − 40,000)원은 국내에서 발생한 비용이다. 관세는 국내 소비자로부터 정부로의 소득 이전이기 때문에 회계가격에 반영되지 않는다. 운송비와 유통비는 회계가격에 부분적으로 반영된다. 결과적으로 수입 재화 A의 회계가격은 44,000원이 된다.

---

6) $9,950 + (100 \times 0.50) + (800 \times 0.80)$
7) 선적지 인도 가격에는 물건을 수입국 항구에 운송할 때까지 소요된 모든 비용이 포함된다.

[표 5-3] 수입 재화의 회계가격

| | 시장가격 | | 회계가격비율 | 회계가격 |
	달러	원(a)	(b)	(a×b)
선적지 인도 가격	40	40,000		40,000원
관세		5,000	0.00	0원
운송비		4,000	0.50	2,000원
유통비		2,500	0.80	2,000원
합 계		51,500		44,000[8]원

3. 비교역 재화

원칙적으로 비교역 재화는 수출이나 수입이 되지 않기 때문에 국내가격이 곧 회계가격이지만, 비교역 재화를 생산하는 데 투입되는 재화 중에 잠재적인 수출 재화나 수입 재화가 있으므로 회계가격을 계산해야 한다. [표 5-4]는 대표적인 비교역 재화인 전기 1단위의 회계가격을 계산한 것이다.

이 사례에서 전기 1단위의 시장가격은 4,000원이지만 회계가격은 3,509원이다. 전기 생산에 소요되는 비용은 크게 자본 비용과 운영 비용으로 구분되고, 자본 비용은 다시 발전기 구입비와 발전소 건설비로 구성되며, 발전소 건설비는 네 개 항목으로 세분화된다. 또한, 운영 비용도 세 개 항목으로 나뉘어진다.

[표 5-4]를 보면 비용 항목별로 상이한 회계가격비율이 적용된다는 것을 알 수 있다. 수입 설비, 연료비, 부품구입비와 같은 수입 항목은 시장가격이 그대로 회계가격으로 인정되지만, 관세나 세금은 회계가격에 반영되지 않는다. 인건비 즉, 노동의 회계가격은 다른 항목에 비해 측정이 어려운데 회계가격비율 0.6을 적용한다.[9] 기타 비용은 특

---

8) $40,000 + (5,000 \times 0.00) + (4,000 \times 0.50) + (2,500 \times 0.80)$
9) 노동의 회계가격을 측정하는 문제는 2절에서 논의한다.

정 항목으로 분류할 수 없는 잡다한 비용을 포괄한다. 기타 비용에 대해서는 회계가격비율 0.8을 사용한다.

[표 5-4] 전기의 회계가격

	시장가격(a)	회계가격비율(b)	회계가격(a×b)
A. 자본 비용	3,000원		2,678[10)]원
1. 발전기 구입비	1,800원	1.00	1,800원
2. 발전소 건설비	1,200원		878[11)]원
1) 수입 설비	500원	1.00	500원
2) 인건비	250원	0.60	150원
3) 관세·세금	200원	0.00	0원
4) 기타 비용	250원		228[12)]원
(1) 수입 설비	180원	1.00	180원
(2) 인건비	40원	0.60	24원
(3) 기타 비용	30원	0.80	24원
B. 운영 비용	1,000원		831원
1. 연료비	800원	1.00	800원
2. 유지비	40원		31[13)]원
1) 부품구입비	15원	1.00	15원
2) 인건비	20원	0.60	12원
3) 기타 비용	5원	0.80	4원
3. 관세·세금	160원	0.00	0원
합 계	4,000원		3,509[14)]원

---

10) $1,800 + 878$
11) $(500 \times 1.00) + (250 \times 0.60) + (200 \times 0.00) + 228$
12) $(180 \times 1.00) + (40 \times 0.60) + (30 \times 0.80)$
13) $(15 \times 1.00) + (20 \times 0.60) + (5 \times 0.80)$
14) $2,678 + 831$

부록 8. 그림자 환율

회계가격을 측정하는 이유는 정부사업의 산출에 비교역 재화가 포함되어 있기 때문이다. 본문에서는 산출의 시장가격을 회계가격으로 바꾼 후, 시장환율(market exchange rate)을 적용하였다.[15] 즉, 산출의 시장가격 → 산출의 회계가격 → 시장환율 적용 순으로 측정이 이루어졌다. 회계가격을 측정하는 다른 방식도 있다. 시장환율의 회계가격인 그림자 환율(shadow exchange rate)을 측정하고 이를 산출의 시장가격에 곱하는 것을 생각할 수 있다. 이 방식을 도식화하면 산출의 시장가격 → 그림자 환율 적용이 된다. 아래에서는 구체적인 사례를 통해 두 방식을 비교한다.

정부사업에 X달러의 교역 재화와 N원[16]의 비교역 재화를 투입하여 교역 재화(산출)를 생산한다. 시장환율은 1달러가 1,000원이다. 일단, 정부사업의 편익은 식 (5.1)과 같이 계산된다. X는 교역 재화이므로 편익으로, N은 교역이 불가능하므로 비용으로 간주된다. M은 X를 생산하는 데 투입된 수입 재화이다.

$$1,000 \times (X - M) - N \tag{5.1}$$

식 (5.1)로 측정한 정부사업의 편익은 정확하지 않다. N원에 조세, 보조금, 외부성 등이 포함되어 있기 때문이다. 편익을 정확하게 측정하기 위해서는 이러한 요인들을 N원에서 빼야 한다. 이러한 요인들을 제거하면 정부사업의 편익은 식 (5.2)와 같이 정의된다. 식 (5.2)의 c는 비교역 재화(N)에 적용되는 회계가격비율이다.

$$1,000 \times (X - M) - (c \times N) \tag{5.2}$$

---

15) 원을 달러로, 달러를 원으로 바꾸기 위해 환율이 필요하다.
16) 비교역재는 교역이 되지 않으므로 원화로 가치를 측정한다.

식 (5.2)를 c로 나누면 식 (5.3)이 유도된다. 정의상 $\dfrac{1,000}{c}$은 그림자 환율(s)이다. 즉, 비교역 재화에 대한 회계가격비율이 반영된 환율이 그림자 환율이다.

$$\frac{1,000}{c} \times (X - M) - N = s \times (X - M) - N \tag{5.3}$$

식 (5.2)와 식 (5.3)은 정부사업의 편익을 계산하는 상이한 방법을 나타낸다. 식 (5.2)는 산출의 회계가격을 계산한 후에 시장환율을 적용하는 방식을, 식 (5.3)은 산출의 시장가격에 그림자 환율을 적용하는 방식을 나타낸다.

노동의 가치: 해리스·토다로(Harris-Todaro) 모형

모든 정부사업에는 노동이 투입된다. 미숙련 노동자에게 일자리를 제공하는 것은 대규모 정부사업의 주된 목적 중 하나이다. 따라서, 정부사업에 대한 비용편익분석에 있어서 노동의 회계가격을 측정하는 것은 중요한 문제이다. 노동의 회계가격도 시장에서 결정된 임금(wage)에 노동의 회계가격비율을 곱해서 계산한다.

노동의 회계가격은 정부사업이 농촌에서 시행되느냐 도시에서 시행되느냐에 따라 측정 방법이 다르다. 농촌에서 사업을 시행할 경우에는 농촌노동의 시장임금에 노동의 회계가격비율을 곱하면 된다. 다만, 농촌노동은 대체로 미숙련 노동자이어서 실업 상태에서 정부사업에 투입되는 경우가 많으므로 시장임금을 측정하는 것이 쉽지 않다. 정부가 도시에서 사업을 시행하면 미숙련 노동자가 농촌에서 도시로 이동하여 새로 만들어지는 일자리의 대부분을 채운다. 해리스와 토다로는 도시 실업률이 농촌보다 높음에도 불구하고 도시 임금이 농촌에 비해 높은 현상을 미숙련 노동자의 도시 유입으로 설명한 바 있다.

미숙련 노동자가 농촌에서 도시로 이동하는 것이 노동의 회계가격을 측정하는 데 있어서 어떤 문제를 야기하는가? 먼저, 정부가 농촌에서 사업을 시행하는 경우에는 도시노동이 농촌으로 이동하지 않기 때문에 노동의 회계가격은 식 (5.4)와 같이 계산된다. 그러나, 정부가 도시에서 사업을 시행할 경우에는 노동의 회계가격을 식 (5.5)와 같이 계산할 수 없다. 해리스와 토다로의 주장대로 새로운 일자리의 대부분이 농촌에서 유입된 미숙련 노동자에 의해 채워진다면 도시노동의 회계가격은 농촌임금을 기준으로 계산해야 한다.

농촌노동의 회계가격＝농촌노동의 시장임금×노동의 회계가격비율

(5.4)

도시노동의 회계가격＝도시노동의 시장임금×노동의 회계가격비율

(5.5)

도시노동의 회계가격은 식 (5.6)과 같이 농촌노동의 시장임금에 노동의 회계가격비율과 도시 취업률의 역수를 곱한 것으로 정의된다. 식 (5.6)에서 L은 도시 노동력(labor force), E는 도시 취업자 수이므로 $\frac{L}{E}$은 도시 취업률의 역수이다. 왜 도시 취업률의 역수를 곱하는가? 해리스와 토다로에 의하면 도시에는 두 종류의 일자리가 존재한다. 하나는 공식적 부문이고 다른 하나는 비공식적 부문인데 전자의 임금이 후자에 비해 높다. 농촌에서 도시로 이동한 미숙련 노동자는 주로 비공식적 부문에 고용된다. 도시 취업률이 높을수록 농촌노동이 도시로 많이 유입되어 비공식적 부문에 고용되므로 도시노동의 임금이 하락한다. 이러한 이유로 식 (5.6)에서 도시 취업률의 역수를 곱한 것이다.

도시노동의 회계가격
＝농촌노동의 시장임금×노동의 회계가격비율×$\frac{L}{E}$ (5.6)

제3절 사례

1. 시간과 여가 활동의 가치

사람들은 이동 시간을 줄이려고 한다. 이동 시간을 줄일 수 있다면 사람들은 비용을 지불할 것이다. 교통 관련 인프라 시설을 구축하는 사업의 편익 중 하나는 이동 시간의 절약이다. 예를 들어, 주민이 10만 명, 지하철 신설로 이동 시간이 인당 30분 단축된다면 하루 평균 5만 시간의 편익이 발생한다고 할 수 있다. 기다리거나 혼잡으로 낭비되는 시간도 비용이므로 정부사업으로 이러한 시간이 단축되면

편익에 해당한다. 업무를 위해 이동하는 경우에는 세전·시간당 임금
이, 업무 외의 목적으로 이동하는 경우에는 세후·시간당 임금의 50%
가 시간의 기회비용이 된다.[17] 즉, 이동 목적에 따라 시간의 가치가
달라진다. 또한, 사람들은 걷거나 기다릴 경우 차를 타고 이동하는 것
에 비해 큰 고통을 느끼므로 시간의 가치가 증가한다.

[표 5-5] 시간·여가 활동의 가치

종 류	가 치
A. 시간	
1. 이동	
1) 업무	세전·시간당 임금
2) 업무 외	세후·시간당 임금의 50%
2. 걷는 것	세후·시간당 임금의 60%
3. 기다리는 것	세후·시간당 임금의 125%
4. 혼잡	세후·시간당 임금의 150%
B. 여가 활동	
1. 야영	34.4 달러
2. 낚시	43.6 달러
3. 배 타기	93.4 달러
4. 사냥	43.4 달러
5. 산악자전거 타기	68.3 달러
6. 자동차 운전	54.8 달러
7. 암벽 등반	52.0 달러
8. 스쿠버 다이빙	29.9 달러
9. 수영	39.5 달러
10. 수상 스키	45.4 달러
11. 윈드 서핑	365.8 달러

정부가 댐이나 운하를 건설하고 공원을 조성하면 주민과 관광객
이 다양한 여가 활동을 할 수 있다. 이는 무형의 편익에 해당된다. 다

---

17) 업무를 위해 이동하는 것은 생산적인 활동이므로 세전 임금을, 업무 외 목적으로
이동하는 것은 소비적이므로 세후 임금을 기준으로 시간의 가치를 계산한다.

양한 여가 활동의 가치를 [표 5-5]에 제시하였다. 일반적으로 여가 활동의 가치는 조건부 가치추정을 통해 측정하는데 특정 시설을 이용함으로써 발생하는 사용 가치와 시설 이용과 무관하게 발생하는 비사용 가치로 구분된다. 사냥이나 등반은 사용 가치에, 아름다운 해안은 비사용 가치에 해당한다.

2. 사망·상해의 비용

1990년대 미국에서 수행된 다수의 연구에 의하면 생명의 가치는 1990년 물가수준 기준 2~3백만 달러이다. 물론, 경제가 성장함에 따라 생명의 가치는 지속적으로 증가한다. 최근 연구 중에는 생명의 가치를 570만 달러로 계산한 것도 있다.

상해의 사회적 비용도 측정이 가능한데 상해 정도, 사고 종류, 상해 부위에 따라 크기가 다르다. [표 5-6]에서 상해 II는 상해 III에 비해 금액이 적다. 계산 방법이 다르기 때문이다. 상해 II에는 환자의 치료와 회복에 소요되는 비용과 소득 상실분은 포함되었으나, 환자가 겪는 고통, 불행 등과 같은 심리적·주관적 비용이 제외되었다. 또한, 물적 손실과 재판 비용 등도 반영되지 않았다. 반면, 상해 III에는 의료 및 응급서비스 비용, 보험·법률 서비스 비용, 가정 또는 직장에서 발생하는 생산성 감소, 물적 손실, 삶의 질 하락 등이 반영되었다.

요약하면, 상해 II는 상해를 입은 사람을 중심으로 금전적인 비용을 측정한 것이고, 상해 III은 인적, 물적, 주관적, 심리적 비용을 모두 고려한 사회적 비용이다. 상해 II를 비용의 하한(lower bound), 상해 III을 상한(upper bound)이라고 할 수 있다.

[표 5-6] 생명·상해의 비용

종 류	비 용
A. 생명	4백만 달러
B. 상해 I	
1. 영구적인 치명적 상해	52만 달러
2. 치명적인 상해는 아니나 병원에 입원하는 경우	56,000 달러
3. 병원에 입원하지 않는 경우	846 달러
C. 상해 II	
1. 자동차	14,800 달러
2. 낙상	4,973 달러
3. 화재	88,144 달러
4. 음독	8,250 달러
5. 화상	4,233 달러
6. 익사	106,450 달러
D. 상해 III (자동차 사고)	
1. 척추	290만 달러
2. 뇌	120만 달러
3. 상반신	46만 달러
4. 하반신	15만 달러

3. 환경 오염의 비용

환경 오염으로 발생하는 비용은 공해와 소음을 중심으로 측정할
수 있다.

공해의 비용은 건강 비용과 환경 비용으로 구분된다. 미숙아 출
산, 질병 발생 등은 건강 비용에, 해수면 상승, 해안 침식, 하천 범람,
농작물 피해, 건물과 차량 부식 등은 환경 비용에 해당한다. 구체적으
로 건강 비용은 두 단계로 측정된다. 오염도가 상승하면 질병에 걸릴
확률이 얼마나 증가하는지를 측정한 후, 질병에 걸리는 것을 피하기
위해 사람들이 돈을 얼마나 지불하는지를 계산한다. 예를 들어, 미세
먼지로 인해 폐암에 걸릴 확률이 0.1% 증가하고, 사람들이 폐암에 걸

리지 않는 대가로 1억 원을 지불할 의사가 있다면 미세 먼지로 발생하는 건강 비용은 10만 원(1억 원×0.001)으로 계산된다.

소음의 비용은 소음으로 인해 토지 가격이 얼마나 하락하는지를 계산함으로써 측정된다. [표 5-7]에 의하면 소음이 1단위 증가할 때 나대지(vacant land) 가격은 1.66% 감소한다. 이미 건물이 지어진 토지에 비해 나대지 가격이 소음에 민감하다. 나대지에는 건물이 건축되어 있지 않았으므로 소음으로 인해 개발의 기대이익이 크게 떨어진다.

[표 5-7] 환경 오염의 비용

종 류	비 용
A. 공해	
1. 건강 비용 (mg/m^3)	
1) 미세 먼지	26.5~74.0 달러
2) 납	5.6~17.5 달러
3) 아황산	1.4~24.8 달러
2. 환경 비용 (톤)	
1) 아황산	127~214 달러
2) 미세 먼지	5.07~7.23 달러
3) 일산화탄소	1.2~2.6 달러
4) 질소 산화물	420~1,106 달러
5) 납	3,541~4,383 달러
6) 이산화탄소	0.3~3.5 달러
B. 소음	
1. 주거용 토지	0.65% 가격 하락
2. 상업용 토지	0.90% 가격 하락
3. 나대지	1.66% 가격 하락

4. 범죄의 비용

각종 범죄로 발생하는 비용은 피해자를 중심으로 또는 사회 전체적으로 파악할 수 있다. [표 5-8]에 의하면 공격을 당했느냐 자해했느냐, 피해자가 생존했느냐 사망했느냐에 따라 범죄의 비용이 달라진다. 총기 범죄의 경우에는 자해에 따른 비용이 큰 반면, 칼에 의한 범죄에 있어서는 피습에 따른 비용이 큰 것으로 나타났다. 자해의 경우에는 총이 칼보다 치명적이지만, 피습에 있어서는 칼이 더 위험하기 때문인 것으로 해석된다.

[표 5-8] 범죄의 비용

종 류	사망자 포함	사망자 제외
A. 피해자		
1. 총 (피습)	83만 달러	20만 달러
2. 총 (자해)	225만 달러	26만 달러
3. 칼 (피습)	16만 달러	86,000 달러
4. 칼 (자해)	13만 달러	95,000 달러
B. 사회 전체		
1. 치명적인 범죄		
1) 음주 운전	375만 달러	
2) 방화	323만 달러	
3) 강간 및 폭행	347만 달러	
2. 치명적이지 않은 범죄		
1) 아동 학대	70,000 달러	
2) 강간/성폭행	103,000 달러	
3) 강도	9,400 달러	
4) 절도	400 달러	
5) 주택 침입	1,700 달러	
6) 차량 절도	4,400 달러	

부록 9. 생명의 가격[18]

　정부는 희소한 자원을 효율적으로 사용하기 위해 생명에 가격을 매길 수밖에 없다. 아래에 제시한 사례는 생명의 가격이 특정 정책을 선택하는 데 있어서 어떻게 작용하는지 보여 준다.

1. 2006년 미국 소비자제품안전위원회는 매트리스에 대한 새로운 가연성 기준을 설정하면서 이로 인해 매트리스 100만 장당 1.08명의 사망자와 5.23명의 부상자를 구할 것이라고 주장하였다. 그 결과, 매트리스 1장당 편익은 51.24달러, 비용은 15.07달러로 추정되었다.
2. 2001년 9월 11일 테러 이후 7년 동안 미국 정부는 국내 보안을 강화하기 위해 3,000억 달러를 지출하였다. 미래에 발생할 잠재적인 공격을 저지함으로써 줄어든 사망자 수에 대한 분석 결과 이러한 지출로 건지게 된 생명의 비용은 6,400만~6억 달러로 나타났다.
3. 1987년 미국 연방정부는 주정부가 주간(inter-state) 고속도로의 제한 속도를 결정할 수 있게 하였다. 제한속도를 시속 105km로 상향한 21개 주의 경우 평균 속도가 3.5% 높아졌다. 이로 인해 통근 시간은 감소했지만 치명적인 사고가 발생할 확률이 높아졌다. 통근 시간이 125,000시간 줄어들 때마다 1명의 운전자가 목숨을 잃었다. 1997년 화폐 가치를 기준으로 운전자 1명이 죽는 대가로 154만 달러가 절약되었다.
4. 미국 농무부에 따르면 연간 139만 건의 살모넬라 감염이 발생하고 415명의 사망자가 발생한다. 사망자 한 사람의 가치를 540만 달러로 가정하면 살모넬라 감염의 사회적 비용은 약 26억 달러이다.

---

18) 포터(2011)에서 인용.

5. 2003년 오스트레일리아 정부는 담뱃갑의 경고문을 교체할 경우 연간 약 400명의 생명을 구할 수 있기 때문에 약 25,000만 호주 달러의 편익이 발생한다고 주장하였다. 반면, 흡연 감소로 인해 세수는 약 13,000만 호주 달러 감소할 것으로 예측되었다.

6. 영국 국립보건임상연구원은 어떤 약품과 치료법을 의료보험에 포함시켜야 하는지를 결정하기 위한 지침을 제시하였다. 이에 따르면 1년 동안의 건강한 삶을 보장하는 비용이 2만 파운드 이하인 것은 승인되지만 3만 파운드를 넘는 것은 허용되지 않는다.

부록 10. 돈으로 살 수 없는 것들[19)

샌델 교수는 세상에는 돈으로 살 수 없는 것들이 있다고 강조한다. 하지만 요즘에는 그리 많이 남아있지 않다. 거의 모든 것이 거래 대상이기 때문이다. 몇 가지 예를 들어 보자.

1. 교도소 감방 업-그레이드: 1박에 82달러

폭력범을 제외한 교도소 수감자가 추가 비용을 지불하면 깨끗하고 조용하면서 다른 죄수와 떨어진 개인 감방으로 옮길 수 있다.

2. 나 홀로 운전자가 카풀(car pool) 차선 이용하기: 8달러

나 홀로 운전자도 돈을 내면 카풀 차선을 이용할 수 있다.

3. 인도인 여성의 대리모 서비스: 6,250달러

인도에서 대리모를 구하는 서구 부부들이 늘어나고 있다. 인도는 대리모 임신이 합법이며 비용이 미국의 3분의 1 이하이기 때문이다.

4. 미국으로 이민하는 권리: 50만 달러

실업률이 높은 지역에 50만 달러를 투자해서 최소한 10개의 일자리를 만드는 외국인은 미국 영주권을 받을 수 있다.

5. 의사의 휴대전화 번호: 연간 1,500달러

이른바 '전담 진료' 의사는 1,500달러를 지불하는 환자에게 자신의 휴대전화 번호를 알려 주고 전화한 당일에도 진료 서비스를 제공한다.

6. 명문대 입학하기: 가격 미정

학생이 자격 미달이어도 부모가 상당한 금액을 대학에 기부하면 입학이 허용된다.

7. 신체 일부를 빌려주고 광고 게재하기: 777달러

에어 뉴질랜드는 30명을 고용해서 머리를 밀게 하고 "기분 전

---

19) 샌델(2012)에서 인용.

환이 필요하세요? 뉴질랜드로 오세요."라는 광고 문구를 뒤통수에 일회용 문신으로 새겨 넣었다.

8. 약물 안정성 실험의 대상이 되기: 7,500달러

제약회사의 실험이 피실험자의 신체에 미치는 영향에 따라 보수는 늘어날 수도 줄어들 수도 있다.

9. 소말리아 내전에 참가하기: 일당 1,000달러

자질과 경험, 국적에 따라 용병에 대한 보수는 달라진다.

10. 로비스트 대신 국회 앞에서 줄을 서고 방청 좌석 확보
    하기: 시간당 15~20달러

로비스트는 노숙자 등을 고용하고 '줄서기 대리' 서비스를 제공하는 회사에 비용을 지불한다.

11. 책 읽기: 권당 2달러

댈러스 소재 학교는 독서를 권장하기 위해 책을 한 권 읽을 때마다 학생에게 돈을 지급한다.

12. 4개월 내 6kg 감량하기: 378달러

기업과 보험회사는 체중 감량이나 건강에 좋은 활동을 장려하기 위해 금전적인 보상을 한다.

할인율

편익과 비용은 사업 시행과 동시에 발생하지 않는다. 편익과 비용은 수십 년 또는 수백 년에 걸쳐 발생하는 것이 현실이다. 다른 시점에 발생한 편익과 비용을 단순히 합산할 수는 없다. 현재 보유하고 있는 100만 원과 1년 후에 받는 100만 원의 가치가 다르기 때문이다. 현재의 100만 원과 미래의 100만 원을 더하기 위해서는 미래 100만 원의 현재가치(present value)를 계산하거나, 현재 100만 원의 미래가치(future value)를 계산해 둘의 시점을 맞추어야 한다. 미래에 발생하는 편익과 비용은 그 가치를 할인(discount)해서 현재가치를 측정한다.

제1절 개관

미래에 발생하는 편익과 비용을 할인하는 이유는 미래의 100만 원이 현재의 100만 원보다 가치가 작기 때문이다. 사람은 본능적으로 현재의 편익을 미래의 편익에 비해 선호한다. 참을성(patience)이 부족하기 때문이다. 참을성이 충분히 크면 현재의 100만 원과 미래의 100만 원의 가치가 같다. 또한, 참을성이 부족할수록 미래의 100만 원의

97

현재가치는 작아진다. 참을성은 심리적인 현상이기 때문에 나라와 민족에 따라 다른데 시간선호율(time preference rate)로 측정된다. 우리나라 국민의 시간선호율이 7%, 일본 국민의 시간선호율이 5%이면 우리나라 국민의 참을성이 일본인에 비해 작다고 할 수 있다.

할인을 하는 이유를 투자 측면에서 찾을 수도 있다. 우리는 한 나라의 이자율이 5% 혹은 7%라는 말을 듣는다. 특정 국가의 이자율이 5%라는 것은 100만 원을 투자하면 1년 뒤에 105만 원을 받을 수 있다는 의미이다. 이자율이 5%이면 100만 원의 1년 후 가치는 105만 원이므로 1년 후에 받는 100만 원의 현재가치는 100만 원보다 작다.

요약하면, 할인을 하는 이유는 소비(시간선호율)와 생산(이자율), 두 측면에서 찾을 수 있다. 한 나라의 경제가 균형 상태에 있으면 시간선호율과 이자율이 같기 때문에 할인율로 무엇을 사용하든 문제가 되지 않는다.[1]

할인율이 r이면 1년 후에 받는 1원의 현재가치는 $\frac{1}{1+r}$ 원이다. $\frac{1}{1+r}$ 원을 투자하면 1년 뒤에 1원을 받을 수 있기 때문이다. 이를 수식으로 표현하면 식 (6.1)과 같다.

$$\frac{1}{1+r} 원 \times (1+r) = 1원 \tag{6.1}$$

같은 맥락에서 2년 후에 받는 1원의 현재가치는 $\frac{1}{(1+r)^2}$ 원이다.

$$(\frac{1}{(1+r)^2} 원 \times (1+r)) \times (1+r) = 1원 \tag{6.2}$$

식 (6.1)과 (6.2)를 일반화하면 지금부터 t년 후에 받는 1원의 현재가치는 $\frac{1}{(1+r)^t}$ 원이다. 할인율이 r일 때 t년 후에 받는 1원의 현재가치를 계산해서 표로 정리한 것을 할인계수표라고 한다. [표 6-1]

---

1) 이에 대해서는 2절에서 논의한다.

에서 열은 할인율을, 행은 시점을 나타낸다. 예를 들어, 할인율이 5%
일 때 10년 후에 받는 1원의 현재가치는 0.6139원이다.

[표 6-1] 할인계수표

	1%	2%	3%	4%	5%	6%	7%	8%	9%
1년	0.9901	0.9804	0.9709	0.9615	0.9524	0.9434	0.9346	0.9259	0.9174
2년	0.9803	0.9612	0.9426	0.9246	0.9070	0.8900	0.8734	0.8573	0.8417
3년	0.9706	0.9423	0.9151	0.8890	0.8638	0.8396	0.8163	0.7938	0.7722
4년	0.9610	0.9238	0.8885	0.8548	0.8227	0.7921	0.7629	0.7350	0.7084
5년	0.9515	0.9057	0.8626	0.8219	0.7835	0.7473	0.7130	0.6806	0.6499
6년	0.9420	0.8880	0.8375	0.7903	0.7462	0.7050	0.6663	0.6302	0.5963
7년	0.9327	0.8706	0.8131	0.7599	0.7107	0.6651	0.6227	0.5835	0.5470
8년	0.9235	0.8535	0.7894	0.7307	0.6768	0.6274	0.5820	0.5403	0.5019
9년	0.9143	0.8368	0.7664	0.7026	0.6446	0.5919	0.5439	0.5002	0.4604
10년	0.9053	0.8203	0.7441	0.6756	0.6139	0.5584	0.5083	0.4632	0.4224

　　만약, 일정한 크기의 편익이 매년 발생한다면 편익의 현재가치를
계산하는 문제는 연금(annuities)의 현재가치를 계산하는 것과 같다.
이자율(할인율)이 r일 때 n년 동안 매년 말에 1원을 받는 연금(1원의
편익이 발생하는 정부사업)의 현재가치는 다음과 같이 계산된다.

$$\frac{1}{1+r}+\frac{1}{(1+r)^2}+\frac{1}{(1+r)^3}+\cdots+\frac{1}{(1+r)^n}$$

$$=\frac{1-\frac{1}{(1+r)^n}}{r} \tag{6.3}$$

　　식 (6.3)에서 $\frac{1-\frac{1}{(1+r)^n}}{r}$ 을 연금계수(annuity factor)라고 한다.
이자율이 r일 때 n년 동안 매년 말에 1원을 받는 연금의 현재가치를
계산해서 표로 정리한 것이 연금계수표이다. 예를 들어, 이자율이 5%

일 때 10년 동안 매년 말에 1원을 받는 연금의 현재가치는 7.2717원이다. 식 (6.3)을 사용하여 매년 말에 1원을 영구적으로 받는 연금의 현재가치도 계산할 수 있다. n이 무한 값이면 $\dfrac{1 - \dfrac{1}{(1+r)^n}}{r}$ 은 $\dfrac{1}{r}$ 로 수렴하므로 매년 말에 1원을 영구적으로 받는 연금의 현재가치는 $\dfrac{1}{r}$ 원이다.

[표 6-2] 연금계수표

	1%	2%	3%	4%	5%	6%	7%	8%	9%
1년	0.9901	0.9804	0.9709	0.9615	0.9524	0.9434	0.9346	0.9259	0.9174
2년	1.9704	1.9416	1.9135	1.8861	1.8594	1.8334	1.8080	1.7833	1.7591
3년	2.9410	2.8839	2.8286	2.7751	2.7232	2.6730	2.6243	2.5771	2.5313
4년	3.9020	3.8077	3.7171	3.6299	3.5460	3.4651	3.3872	3.3121	3.2397
5년	4.8534	4.7135	4.5797	4.4518	4.3295	4.2124	4.1002	3.9927	3.8897
6년	5.7955	5.6014	5.4172	5.2421	5.0757	4.9173	4.7665	4.6229	4.4859
7년	6.7282	6.4720	6.2303	6.0021	5.7864	5.5824	5.3893	5.2064	5.0330
8년	7.6517	7.3255	7.0197	6.7327	6.4632	6.2098	5.9713	5.7466	5.5348
9년	8.5660	8.1622	7.7861	7.4353	7.1078	6.8017	6.5152	6.2469	5.9952
10년	9.4713	8.9826	8.5302	8.1109	7.2717	7.3601	7.0236	6.7101	6.4177

1. 물가상승률

한 나라의 물가상승률이 3%이면 전반적인 가격 수준이 1년 동안 3% 상승하므로 100만 원의 실질적인 가치는 1년 후 약 97($\dfrac{100}{1+0.03}$)만 원으로 하락한다. 그러나, 미래에 발생하는 편익과 비용을 할인하는 이유가 물가상승 때문은 아니다. 편익과 비용을 명목가치(nominal value)로 측정하고, 명목할인율(nominal discount rate)로 할인한 결과는 편익과 비용을 실질가치(real value)로 측정하고, 실질할인율(real discount rate)로 할인한 것과 같다. 따라서, 장래 발생하는 편익과 비용의 현재

가치를 계산하는 데 있어서 물가상승률을 고려할 필요가 없다. 이를 증명해 보자.

먼저, 편익과 비용의 실질가치를 측정하는 방법은 다음과 같다. 기준 시점의 가격 수준을 100으로 가정하면 특정 시점의 가격 수준은 90 또는 110과 같이 100보다 작거나 큰 값이 된다. t년의 가격 수준을 100으로 가정할 때 $t+1$년의 가격 수준이 150이면 1원의 가치가 50% 감소한 것이므로 $t+1$년에 발생하는 편익과 비용을 1.5로 나누어야 실질가치가 계산된다. 이를 일반화하면 연간 물가상승률이 m일 때 지금부터 t년 후에 발생하는 명목편익(B_t)과 실질편익(b_t) 간에는 식 (6.4)가 성립한다.

$$b_t = \frac{B_t}{(1+m)^t} \tag{6.4}$$

다음으로, 1원을 저축하면 1년 후에 $1+r$원이 되는데 연간 물가상승률이 m이면 $1+r$원의 실질가치는 $\frac{1+r}{1+m}$원이다. 따라서, $1+i = \frac{1+r}{1+m}$이다. 이를 정리하면, 명목할인율(r)과 실질할인율(i) 간에는 식 (6.5)가 성립한다.

$$i = \frac{r-m}{1+m} \tag{6.5}$$

끝으로, [표 6-3]은 명목할인율 10%, 연간 물가상승률 4%를 가정하고 계산한 정부사업의 순편익의 현재가치이다. 이 사업을 시행하면 첫 해에 비용이 소요되고, 그 후 4년에 걸쳐 편익이 발생한다. 사업이 시행된 후 3년이 지난 시점에서 발생하는 편익 100,000원의 현재가치는 $\frac{100,000}{(1+0.1)^3} = 75,131$원이다. 이는 명목편익과 명목이자율을 사용해서 측정한 금액이다. 3년이 지난 시점에서 발생하는 100,000원의 실질가치를 계산한 후, 이를 실질할인율로 할인해도 현재가치는

75,131원이다. 즉, 편익 100,000원의 실질가치는 88,900[2]원, 실질할인

율은 약 5.77%[3]이므로 현재가치는 $\dfrac{88,900원}{(1+0.0577)^3}=75{,}131원$이다.

[표 6-3] 정부사업의 현재가치

연도	항목	명목가치		실질가치	
		금액	현재가치	금액	현재가치
0	비용	−400,000원	−400,000원	−400,000원	−400,000원
1	편익	100,000원	90,909원	96,154원	90,909원
2	편익	100,000원	82,644원	92,456원	82,644원
3	편익	100,000원	75,131원	88,900원	75,131원
4	편익	300,000원	204,904원	256,454원	204,904원
합 계			53,588원		53,588원

2. 내부수익률

특정 사업의 순편익의 현재가치를 영(0)으로 만드는 할인율을 내
부수익률(internal rate of return: IRR)이라고 한다. 수학적으로 내부수익
률(r^*)은 식 (6.6)과 같이 정의된다. 식 (6.6)의 NB_n는 지금부터 n년
후에 발생하는 순편익이다.

$$NB_0 + \frac{NB_1}{1+r^*} + \frac{NB_2}{(1+r^*)^2} + \frac{NB_3}{(1+r^*)^3} + \cdots + \frac{NB_n}{(1+r^*)^n} = 0 \ (6.6)$$

특정 사업의 내부수익률이 높다는 것은 어떤 의미를 갖는가? 예
를 들어, 사업 A와 B의 내부수익률이 각각 7%, 5%이면 사업 A를 시
행해야 한다. 만약, 이자율이 4%라면 사업 A를 시행할 경우 3%의 순

---

2) $\dfrac{100,000}{(1+0.04)^3}$

3) $\dfrac{0.1-0.04}{1+0.04}\times100$

수익을 얻을 수 있으나 사업 B를 시행하면 순수익이 2%이기 때문이다. 더구나, 이자율이 6%일 경우 사업 B를 시행하면 순편익이 부(-)가 된다.[4] 내부수익률이라는 명칭에서 알 수 있듯이 이는 정부나 기업이 특정 사업의 경제성을 판단할 때 사용된다. 내부수익률과 이자율(금리)을 비교하면 특정 사업의 경제성을 판단할 수 있다. 이러한 의미에서 이자율은 외부수익률이다. 특정 사업을 시행하지 않고 외부에 투자하면 기대할 수 있는 수익이 이자율이기 때문이다.

순편익이나 편익·비용 비율을 측정하는 것을 현재가치법, 내부수익률을 측정하는 것을 내부수익률법이라고 한다. 다만, 내부수익률법은 다음과 같은 문제점을 갖고 있다.

첫째, 하나의 사업에 대해 복수의 내부수익률이 존재할 수 있다. 이 경우 어떤 것을 기준으로 의사결정을 해야 하는가? 식 (6.6)에서 확인되듯이 지금부터 n년에 걸쳐 편익과 비용이 발생하는 사업의 경우 최대 n개의 내부수익률이 존재한다. 사업기간이 3년인 정부사업의 내부수익률은 3개 존재할 수 있다.

둘째, 내부수익률은 비율이므로 순편익의 크기가 반영되지 않는다. 내부수익률이 높다고 해서 순편익이 큰 것은 아니므로 내부수익률법과 현재가치법에 의한 의사결정이 상충할 수 있다. 물론, 이러한 문제가 항상 발생하는 것은 아니다. [표 6-4]는 사업 A, B의 순편익의 현재가치와 내부수익률을 측정해서 비교한 것이다. 할인율이 10%일 때 사업 A의 순편익이 사업 B보다 크지만 내부수익률은 작다. 이러한 결과가 나타난 원인은 두 가지이다. 첫째, 사업 A는 사업 B에 비해 비용이 많이 들지만 편익도 크다. 즉, 두 사업의 규모가 상이하다. 둘째, 두 사업의 비용은 할인되지 않고 편익만 할인된다. 이에 따라 상대적으로 편익이 큰 사업 A의 내부수익률이 낮아진다.

---

4) 정부가 이자율 6%의 국채를 발행해서 사업비를 조달하면 순수익이 -1%가 되므로 순편익이 부(-)라고 할 수 있다.

[표 6-4] 순편익의 현재가치와 내부수익률

	사 업 기 간				순편익의 현재가치	내부수익률
	0	1	2	3		
사업 A	−1,000원	475원	475원	475원	181.3[5]원	20%[6]
사업 B	−500원	256원	256원	256원	136.6[7]원	25%[8]

5) $-1,000+\dfrac{475}{1+0.1}+\dfrac{475}{(1+0.1)^2}+\dfrac{475}{(1+0.1)^3}$

6) $-1,000+\dfrac{475}{1+0.2}+\dfrac{475}{(1+0.2)^2}+\dfrac{475}{(1+0.2)^3}=0$

7) $-500+\dfrac{256}{1+0.1}+\dfrac{256}{(1+0.1)^2}+\dfrac{256}{(1+0.1)^3}$

8) $-500+\dfrac{256}{1+0.25}+\dfrac{256}{(1+0.25)^2}+\dfrac{256}{(1+0.25)^3}=0$

부록 11. 수평 가치[9]

　행정적으로 정부사업이 종료된 후에도 편익이 발생할 수 있다. 중국 진나라 때 건축된 만리장성은 지금까지도 관광을 통해 수입을 창출하고 있으며, 이탈리아 국민들은 로마 시대에 만들어진 도로를 현재 이용하고 있다. 또한, 교육 및 훈련 사업은 효과가 몇 세대에 걸쳐 나타난다. 일반적으로 가까운 장래에 발생하는 편익과 비용은 정확하게 측정할 수 있지만 먼 미래의 편익과 비용에 대한 예측은 정확도가 떨어진다. 이러한 이유로 장기적인 사업의 경우 가까운 미래와 먼 미래를 구분해서 가까운 미래에 대해서는 매년 발생하는 편익과 비용을 할인하고, 먼 미래에 발생하는 편익과 비용은 뭉뚱그려서 수평 가치(horizon value)를 측정한다.[10] 수평 가치는 편익 항목에 포함된다.

　예를 들면, 정부가 건물을 신축할 경우 대체로 사업 기간을 20년으로 가정한다. 그러나, 20년이 지나도 건물을 사용할 수 있으므로 계속해서 편익이 발생한다. 물론, 사용에 따른 비용도 발생한다. 건물을 해체할 때까지 발생하는 편익과 비용의 현재가치를 측정하는 것이 이상적이지만 이는 현실적으로 불가능하다. 대신 20년간 발생하는 편익과 비용은 할인해서 현재가치를 측정하고, 21년 후부터 발생하는 편익과 비용은 수평 가치를 환산한다. 건물 신축의 경우에는 20년 후까지가 가까운 미래이고 21년 후부터는 먼 미래에 해당한다. 이를 그림으로 나타낸 것이 〈그림 6-1〉이다.

---

9) 이는 회계학에서 사용되는 잔존 가치(residual value)와 유사한 개념이다. 고정자산의 내용연수가 만료되어도 가치가 남듯이 정부사업이 종료되어도 계속해서 편익이 발생할 수 있다. 수평선이 끝없이 계속되듯이 정부사업의 편익이 영구적으로 발생할 수 있다.
10) 수평 가치 역시 현재가치로 환산된다.

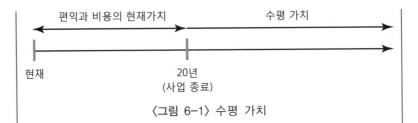

편익과 비용의 현재가치　　　　　　　　수평 가치

현재　　　　　　　　　20년
　　　　　　　　　 (사업 종료)

〈그림 6-1〉 수평 가치

구체적인 사례를 통해 수평 가치를 측정해 보자. 정부가 고속도로를 건설한다. 사업 기간은 30년이다. 즉, 행정적인 측면에서 이 사업은 30년 후에 종료된다. 지금부터 30년이 지난 시점에서 고속도로를 사용할 수 없는 것은 아니다. 지금부터 30년 후까지 매년 10억 원의 순편익이 발생할 것으로 예상된다. 그 후부터는 1억 원[11]의 순편익이 발생하는 것으로 가정한다. 할인율은 10%이다. 지금부터 30년간 매년 발생하는 순편익의 현재가치와 31년이 지난 시점부터 발생하는 순편익의 수평 가치는 각각 식 (6.7), 식 (6.8)과 같이 계산된다. 식 (6.8)에서 $\frac{1억 원}{0.1}$ 은 31년이 지난 시점부터 영구적으로 매년 발생하는 1억 원의 가치이고, $\frac{1}{(1+0.1)^{30}}$ 은 할인계수이다.

$$10억 원+\frac{10억 원}{1+0.1}+\frac{10억 원}{(1+0.1)^2}+\frac{10억 원}{(1+0.1)^3}+...+\frac{10억 원}{(1+0.1)^{30}} \qquad (6.7)$$

$$\frac{1억 원}{0.1}\times\frac{1}{(1+0.1)^{30}} \qquad (6.8)$$

---

11) 30년이 지나면 고속도로가 노후화되므로 유지비가 많이 소요된다.

개인이 소득이라는 제약하에서 효용이 극대화되는 소비를 하듯이 국가도 생산 능력 내에서 사회 전체의 후생을 극대화하는 소비를 한다. 이를 생산가능곡선(production possibility curve)과 사회적 무차별곡선(social indifference curve)으로 설명할 수 있다. 생산가능곡선은 한 나라의 생산 능력을, 사회적 무차별곡선[12]은 소비 특성을 나타내기 때문이다.

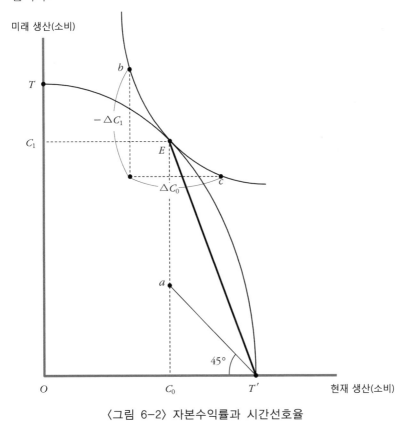

〈그림 6-2〉 자본수익률과 시간선호율

---

12) 개념적으로 사회적 무차별곡선은 사회후생함수에서 도출된다.

〈그림 6-2〉의 x축은 현재 생산(소비)을, y축은 미래 생산(소비)을 나타낸다.[13] 자본수익률이 r이면 현재 시점에서 1원을 투자할 경우 1년 뒤에 $1+r$원을 받는다. 또한, 시간선호율이 s일 경우 1원의 현재 소비와 $1+s$원의 미래 소비는 무차별하다. 1년 후에 $1+s$원이 보장되면 소비자는 현재 1원을 포기한다. 〈그림 6-2〉의 T'은 모든 자원을 현재 투입하면 가능한 생산을, T는 모든 자원을 미래에 투입하면 가능한 생산을 나타낸다. 자본수익률이 정(+)이면 $T > T'$이다. 사회적 무차별곡선은 우하향하고 원점에 대해 볼록하다.

〈그림 6-2〉를 보면 이 나라는 현재 C_0, 미래에 C_1을 소비하는데 이는 최적이다. 생산가능곡선과 사회적 무차별곡선이 접하기 때문이다. E에서 자본수익률과 시간선호율이 일치한다. 즉, $r = s$이다. 이를 증명해 보자.

생산가능곡선을 보면 직선 ET'의 기울기는 식 (6.9)로 정의된다. 현재 소비가 OC_0이므로 C_0T'이 투자[14], OC_1은 미래 소비가 된다. 또한, aT'과 C_0T'이 이루는 각이 45도이므로 $aC_0 = C_0T'$이다. Ea는 미래 소비 중에서 투자를 초과하는 부분이므로 $\dfrac{Ea}{C_0T'}$를 자본수익률이라고 할 수 있다.

$$\frac{EC_0}{C_0T'} = \frac{aC_0 + Ea}{C_0T'} = 1 + \frac{Ea}{C_0T'} = 1 + r \tag{6.9}$$

수학적으로 C_0T'이 충분히 작으면 직선 ET'의 기울기인 $\dfrac{EC_0}{C_0T'}$는 E에서 생산가능곡선과 접하는 직선의 기울기가 되므로 식 (6.10)이 성립한다.

생산가능곡선의 기울기 $= 1 + r$ $\qquad\qquad\qquad\qquad$ (6.10)

---

13) 이를 2기간 모형이라고 한다. 2기 즉, 미래에는 생산한 것을 모두 소비한다.
14) 생산에서 소비를 차감한 것이 투자(저축)이다.

사회적 무차별곡선은 한 나라의 후생 수준을 나타낸다. 특정 국가가 〈그림 6-2〉의 b에서 c로 이동해도 후생 수준은 변하지 않는다. 이를 수식으로 표현한 것이 식 (6.11)이다. b에서 c로 이동하면 미래 소비는 줄고($-\triangle C_1$) 현재 소비가 증가하지만($\triangle C_0$) 사회 전체의 후생은 변하지 않는다. 식 (6.11)에서 MU_0와 MU_1은 현재 소비와 미래 소비의 한계효용을 나타낸다.

$$(-\triangle C_1 \times M_1) + (\triangle C_0 \times M_0) = 0 \rightarrow \frac{-\triangle C_1}{\triangle C_0} = \frac{M_0}{M_1} \tag{6.11}$$

　　식 (6.11)의 $\frac{MU_0}{MU_1}$은 현재 소비와 미래 소비의 한계효용의 비율이므로 1보다 크다. 예를 들어, $\frac{MU_0}{MU_1} = 1.2$이면 현재 소비의 한계효용은 미래 소비의 한계효용의 1.2배이다. 소비자는 현재 100원을 포기하는 대가로 120원을 요구할 것이므로 시간선호율은 $0.2(\frac{120-100}{100})$가 된다. 또한, 식 (6.11)에서 $\triangle C_0$가 충분히 작으면 $\frac{-\triangle C_1}{\triangle C_0}$은 E에서 사회적 무차별곡선과 접하는 접선의 기울기가 되므로 식 (6.12)가 성립한다.

　　사회적 무차별곡선의 기울기 $= 1 + s$　　　　　　　　(6.12)

　　〈그림 6-2〉를 보면 E에서 생산가능곡선과 사회적 무차별곡선이 접한다. E에서 생산가능곡선과 사회적 무차별곡선의 기울기가 일치하므로 $1 + r = 1 + s \rightarrow r = s$이다. 한 나라가 균형 상태에 있으면 즉, 생산과 소비 측면에서 효율성이 달성되면 자본수익률과 시간선호율이 일치한다. 이 경우에는 자본수익률과 시간선호율 중에서 하나를 선택해서 할인율로 사용하면 된다.

　　현실에서 비용편익분석을 수행할 경우 대체로 이자율(r^*)을 할인율로 사용한다. 그 이유는 무엇인가? 단순히 분석의 편의를 위해서는 아니다. 자본시장이 경쟁적일 경우 이자율이 자본수익률 또는 시간선호율과 일치하기 때문이다. 자본시장이 경쟁적이면 이자율은 자본에 대한 수요와 공급에 의해 결정된다. 자본시장에서 기업은 돈을 빌리는 수요자, 소비자는 돈을 빌려주는 공급자이다. 기업은 자본수익률이 이자율보다 높아야 돈을 빌리고, 소비자는 이자율이 시간선호율보다 높아야 돈을 빌려준다. 자본시장의 균형은 이러한 두 조건이 충족될 때 달성되므로 식 (6.13)이 성립한다.

$$r \geq r^*, \ r^* \geq s \rightarrow r = r^* = s \tag{6.13}$$

한 나라의 경제가 균형 상태에 있고 자본시장이 경쟁적이어도 현실에서는 자본수익률과 시간선호율이 일치하지 않는다. 대체로 자본수익률이 시간선호율보다 높다. 시간선호율이 6%인 소비자로부터 돈을 빌리기 위해 기업은 6% 이상의 수익을 얻어야 한다. 이유는 세금과 위험 때문이다.

먼저, 세금에 대해 생각해 보자. 어떤 기업이 시간선호율이 6%인 소비자로부터 1년간 100원을 빌려서 106원을 벌었다면 자본수익률은 6%이다. 그러나, 소비자의 손에 들어가는 수익(이자)은 6원에 못 미친다. 기업은 법인세를 내야 한다. 법인세율이 20%이면 기업은 소비자에게 4.8((1−0.2)×6)원을 지급할 수 있다. 소비자는 4.8원의 일부를 소득세로 납부해야 한다. 소득세율이 20%일 경우 소비자의 최종적인 수익은 3.84((1−0.2)×4.8)원에 불과하다. 이 사례에서 소비자에게 6원의 수익을 보장하기 위해서는 자본수익률이 9.375[15]%가 되어야 한다.

다음으로, 위험이라는 요인에 대해 생각해 보자. 기업은 자본시장에서 정부와 경쟁한다. 기업은 회사채를, 정부는 국채를 발행해서 자금을 조달한다. 소비자의 입장에서 회사채는 국채에 비해 위험도가 높은 자산이다. 기업이 파산할 위험이 정부보다 높기 때문이다. 위험

---

15) $(9.375 \times 0.8) \times 0.8 = 6$

도가 높은 자산은 수익률도 높아야 한다. 정부가 사업을 시행할 때는 파산 위험이 없으므로[16] 소비자에게 시간선호율에 해당하는 수익을 보장하면 된다. 그러나, 기업은 시간선호율에 위험 할증(risk premium)이 가산된 수익률을 소비자에게 보장해야 한다.

---

16) 이러한 이유로 국채를 무위험 자산(risk − free asset)이라고 한다.

부록 12. 할인율 사례

우리나라의 경우 할인율을 직접적으로 추정한 것은 2001년 국토연구원이 수행한 「민간투자사업의 수익률에 관한 연구」가 대표적이다. 이에 따르면 실질가치로 측정한 1990년대 자본수익률은 8.3%이지만, 국토연구원은 일반적인 공공투자사업과 수자원·환경사업에 대해 각각 7.5%와 5.5%의 할인율을 적용할 것을 권고하였다. 수자원·환경사업의 경우 계량화되지 않는 무형의 편익이 발생한다는 점을 감안한 것이다.

미국의 경우에는 OMB(Office of Management and Budget)가 민간투자의 세전·자본수익률을 할인율로 제시하였으나, GAO(General Accounting Office)와 CBO(Congressional Budget Office)는 30년 만기 국채이자율을 할인율로 제안하였다. 또한, 미국 FHA(Federal Highway Administration)는 고속도로 건설에 대한 비용편익분석에서 7%의 할인율을, DOT(Department of Transportation)는 도로 건설에 5~7%의 할인율을 적용한 바 있다.

영국은 1997년 기준 시간선호율이 4%로 추정되었음에도 불구하고 6%의 할인율을 사용하였으나 2003년 3.5%로 낮추었다. 또한, 불확실성을 반영하기 위해 [표 6-5]와 같이 단기 사업에 대해서는 높은 할인율을, 장기 사업에는 낮은 할인율을 적용하였다. 30년 미만 사업의 경우에는 3.5%를, 기간이 300년을 초과하는 사업에 대해서는 1%를 할인율로 제시하였다. 유럽연합은 5%를 할인율로 설정하였는데 이는 장기채권 실질수익률을 감안한 것이다.

[표 6-5] 영국의 할인율

기간	30년 이하	31~75년	76~125년	126~ 200년	201~ 300년	300년 초과
할인율	3.5%	3.0%	2.5%	2.0%	1.5%	1.0%

자본수익률이나 시간선호율을 측정하는 것은 쉽지 않으므로 시장에서 관찰이 가능한 지표를 사용하기도 한다. 자본수익률을 나타내는 지표로 회사채 수익률과 주식 수익률을 생각할 수 있으나, 미국은 Moody's Corporation이 AAA 등급으로 평가한 회사가 발행한 채권의 세전·실질수익률을 할인율로 사용한다. 주식수익률을 사용하지 않는 이유는 평균적인 주식 수익률이 한계기업이 지불하는 이자율보다 높고, 회사채 수익률은 즉각적으로 알 수 있으나 주식 수익률은 일정 기간이 지난 후에 측정이 가능하기 때문이다. 시간선호율을 나타내는 지표로는 1년 혹은 10년 만기 국채 세후·실질수익률이 주로 사용된다.[17]

---

17) 기업의 자본수익률은 세전으로, 소비자가 인식하는 시간선호율은 세후로 측정한다. 전자는 투자와, 후자는 소비와 관련되기 때문이다.

제3절 시간과 할인율

지금까지 우리는 하나의 사업에 대해 하나의 할인율을 적용하였다. 정부사업의 편익과 비용이 30년간 발생하는 경우 1년 뒤에 발생하는 편익과 비용을 5%로 할인한다면 30년 뒤에 발생하는 편익과 비용도 5%로 할인한다. 이를 그림으로 나타내면 〈그림 6-3〉이 된다. 물론, 동일한 할인율을 적용하더라도 30년 뒤에 발생하는 편익과 비용의 현재가치는 1년 뒤에 발생하는 편익과 비용의 현재가치에 비해 매우 작다.

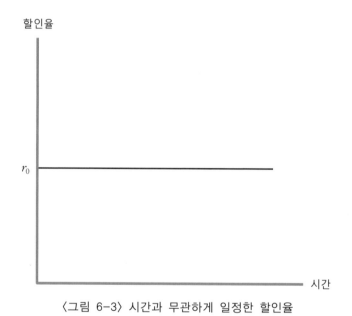

〈그림 6-3〉 시간과 무관하게 일정한 할인율

먼 장래에 발생하는 편익과 비용에 낮은 할인율을 적용해야 한다는 주장이 있다. 예를 들어, 1년 뒤에 발생하는 편익과 비용을 5%로 할인한다면 10년 뒤에 발생하는 편익과 비용은 4.5%, 30년 뒤에 발생하는 편익과 비용은 4%로 할인해야 한다는 것이다. 이렇게 되면 먼 장래에 발생하는 편익과 비용의 현재가치가 덜 감소한다. 사업 기간과 적용되는 할인율의 관계를 나타내는 함수를 할인 함수(discount function)라고 한다. 할인 함수의 x축은 사업 기간을, y축은 적용되는 할인율을 나타낸다. 할인 함수는 〈그림 6-4〉와 같이 우하향하면서 원점에 대해 볼록하다. 즉, 사업 기간이 길어짐에 따라 할인율은 체감적(遞減的)으로 감소한다.[18]

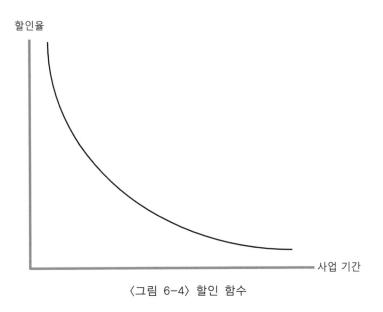

〈그림 6-4〉 할인 함수

가까운 장래에 발생하는 편익과 비용에 높은 할인율을 적용하고, 먼 장래에 발생하는 편익과 비용에 낮은 할인율을 적용하는 이유는 무엇인가?

사람들의 시간에 대한 태도는 일관적이지 않다. 사람들은 단기적인 의사결정에는 높은 할인율을, 장기적인 의사결정에는 낮은 할인율

---

18) 이에 대해서는 부록. 13에서 설명한다.

을 적용하는 경향이 강하다. 이는 이론적인 문제가 아니라 실제로 사람들이 이렇게 행동한다는 경험적인 문제이다. 예를 들어 보자. 사람들은 저금리가 적용되는 장기 주택융자를 받는 동시에 고금리가 적용되는 단기 신용대출을 이용한다. 만약, A의 시간선호율이 일정하게 낮다면 이 사람은 주택융자는 받겠지만 신용대출을 이용하지 않을 것이다. 같은 논리로 B의 시간선호율이 일정하게 높다면 신용대출만을 이용할 것이다.

장기적인 사업에 낮은 할인율을 적용하는 다른 이유는 불확실성(uncertainty) 때문이다. 사업 기간이 장기이면 단기에 비해 불확실성이 커진다. 불확실성이 큰 사업에 낮은 할인율을 적용한다. 불확실성을 반영하기 위해 할인율을 낮추어야 하는 이유는 무엇인가? 다음과 같은 경우를 생각해 보자. 400년 후에 편익 10억 원이 발생한다. 할인율은 $\frac{1}{2}$의 확률로 7%, $\frac{1}{2}$의 확률로 1%이다. 400년 후 발생하는 편익 10억 원의 현재가치는 얼마인가?

이 사례에서 할인율이 얼마인지는 확실하지 않다. 1%가 될지, 7%가 될지 불확실하다. 할인율의 불확실성을 어떻게 반영하는가? 가장 먼저 생각할 수 있는 방법은 기대할인율(expected discount rate)을 적용하는 것이다. 이 사례에서 기대할인율은 식 (6.14)와 같이 계산된다. 기대할인율 4%를 적용해서 할인하면 400년 후 발생하는 편익 10억 원의 현재가치는 154[19]원이다.

$$\left(\frac{1}{2} \times 7\%\right) + \left(\frac{1}{2} \times 1\%\right) = 4\% \qquad (6.14)$$

기대할인율을 적용하여 현재가치를 계산하면 불확실성이 반영되지 않는다. 기댓값은 불확실한 값이 아니다. 할인율은 $\frac{1}{2}$의 확률로

---

19) $\dfrac{10억}{(1+0.04)^{400}}$

7%, $\frac{1}{2}$의 확률로 1%이므로 7%로 할인한 10억 원의 현재가치가 실현될 확률이 $\frac{1}{2}$, 1%로 할인한 10억 원의 현재가치가 실현될 확률은 $\frac{1}{2}$이다. 따라서, 400년 후 발생하는 편익 10억 원의 현재가치는 식 (6.15)와 같이 계산된다.

$$\left(\frac{1}{2} \times \frac{10억\ 원}{(1+0.07)^{400}}\right) + \left(\frac{1}{2} \times \frac{10억\ 원}{(1+0.01)^{400}}\right) = 934만\ 원 \qquad (6.15)$$

불확실성이 반영된 할인율(r_u)을 적용하여 400년 후 발생하는 편익 10억 원의 현재가치를 계산하면 934만 원이 되어야 한다. 이를 수식으로 표현한 것이 식 (6.16)이다. 식 (6.16)을 충족하는 할인율은 약 1.7%이다. 할인율이 $\frac{1}{2}$의 확률로 7%, $\frac{1}{2}$의 확률로 1%이면 기대할인율 4%보다 낮은 1.17%로 할인하여야 불확실성이 반영된다.

$$\frac{10억\ 원}{(1+r_u)^{400}} = 934만\ 원 \qquad (6.16)$$

끝으로, 세대(generation) 문제가 고려되어야 한다. 먼 장래에 발생하는 편익과 비용에 낮은 할인율을 적용하지 않으면 현재가치가 매우 작아진다. 이렇게 되면 현재 시점에서 미래 세대의 이해관계가 제대로 반영되지 않는다. 앞의 사례에서 확인되듯이 할인율이 4%이면 400년 후 발생하는 10억 원의 현재가치는 154원에 불과하다. 장기적으로 몇 세대에 걸쳐 편익과 비용이 발생하는 정부사업의 시행 여부를 결정할 때 할인율을 낮게 설정해야 이러한 문제가 해결된다.[20]

---

20) 이에 대해 다음과 같은 반론이 있다. 지금부터 먼 미래에 발생하는 비용의 현재가치가 매우 작다면 현재 시점에서 약간의 금액을 저축해도 그것을 감당할 수 있다. 400년 후에 10억 원의 비용이 발생한다면 할인율이 4%일 때 현재 시점에서 154원을 저축하면 된다. 154원 × $(1+0.04)^{400}$ = 10억 원이기 때문이다.

부록 13. 탈러(Thaler)의 사과[21]

    1981년 탈러는 [표 6-6]과 같은 두 개의 질문을 하였다. 두 개의 질문은 사과를 두 배로 받기 위해 하루를 더 기다릴 수 있느냐는 것이다. 다만, 질문 1에서는 1년 뒤 오늘과 내일을, 질문 2에서는 오늘과 내일을 비교한다. 탈러는 많은 사람이 일관성이 결여된 대답을 한다는 사실을 발견하였다. 1년의 시차를 둔 질문 1에서 B를 선택한 응답자들 중 다수가 질문 2에서는 A를 골랐다. 이들은 미래에는 사과 2개를 원하면서 당장은 1개를 원했다. 혜택을 받을 시점이 가까울수록 시간선호율이 높았다.

[표 6-6] 탈러의 질문

질 문 1	질 문 2
다음 중 당신은 어느 쪽을 선택하겠습니까?	다음 중 당신은 어느 쪽을 선택하겠습니까?
A. 1년 후 사과 1개 받기 B. 1년이 지난 다음 날 사과 2개 받기	A. 오늘 사과 1개 받기 B. 내일 사과 2개 받기

    합리적 선택이론은 미래에 받을 혜택의 가치는 일정한 할인율로 감소한다고 예측한다. 그러나, 행동경제학자들은 수십 년간의 관찰을 통해 사람들이 지연 기간에 대해 직각쌍곡선과 같이 (hyperbolically) 할인율을 적용하는 경향이 있음을 발견하였다. 사람들은 당장의 혜택에 특별한 가치를 부여하지만 다가올 혜택에는 비교적 무관심하다. 미래에 받을 혜택은 이미 큰 폭으로 할인되었으므로 하루 지연되는 것으로 큰 차이가 발생하지 않는다. 과장된 표현이지만 사람들은 "지금이 아니면 나중엔 아무거나"라고 생각하는 경향이 있다.

---

21) 에어즈(2010)에서 인용.

부록 14. 제로(zero) 할인율[22]

　기업 투자를 위한 의사 결정 과정에서 할인을 사용하는 것은 산술적으로 당연한 일이고 윤리적으로도 논란의 여지가 없다. 모든 비용과 수익을 현재가치라는 하나의 단위로 변환하는 일 그 이상도 이하도 아니기 때문이다. 논쟁을 야기하는 부분은 우리가 현금흐름이 아니라 인간의 생명을 이야기할 때다. 현재의 1,000달러가 10년 후의 1,000달러보다 더 큰 가치를 지닌다는 사실은 매우 명백하지만, 과연 오늘날의 1,000명이 10년 후의 1,000명보다 더 큰 가치를 지닌다고 말할 수 있는가?

　비용이 동일한 두 가지 규제안이 있다고 가정해 보자. 첫 번째 규제안은 도입 첫 해에 800명의 생명을 살리지만 두 번째 해부터는 살리는 생명이 없다고 추정된다. 두 번째 규제안은 도입 후 10년이 지나서 1,000명의 생명을 살리지만, 그 이전과 이후에는 살리는 생명이 없는 것으로 추정된다. 당신이라면 어떤 규제안을 택하겠는가? 할인율 3퍼센트를 적용하여 비용편익분석을 수행하면 첫 번째 규제안이 더 나아 보인다. 그러나 1퍼센트의 할인율을 적용하면 두 번째 규제안을 선호하게 될 것이다.

　생명을 살릴 수 있는 시점이 올해인지, 내년인지, 10년 후인지와 관계없이 모든 생명에 동일한 가치를 두려면 할인율 0퍼센트를 적용하면 된다. 0퍼센트를 사용하면 두 번째 규제안이 가져오는 편익이 명백하게 더 크다. 비용편익분석은 생명을 구하는 일과 관련된 편익에 0이 아닌 할인율을 적용함으로써 노골적으로 미래 세대의 생명 가치가 현 세대의 생명 가치보다 낮다고 가정한다. 이것은 위험한 가정으로, 자연스럽게 미래 세대의 이익이나 후생을 무시하는 근시안적인 결정으로 이어진다.

---

22) 프리드먼(2020)에서 인용.

생명을 구하는 일과 관련된 편익에 사용되는 할인율은 0으로 고정되어야 한다. 그래야 미래세대의 생명에 현 세대의 생명과 동일한 가치를 부여할 수 있기 때문이다.

제7장

가중치

정부사업은 다양한 집단에 긍정적 또는 부정적 영향을 미친다. 사업 효과가 이익집단별로 상반되게 나타나는 경우 분배적 가중치 (distributional weight)를 결정하는 것이 문제가 된다. 특정 집단의 편익 과 비용에 높은 가중치를 적용하면 그 집단이 상대적으로 중요하게 취급되기 때문이다. [표 7-1]과 같은 경우를 생각해 보자. 정부가 사 업 A와 B 중에서 하나를 선택한다. 이 사회에는 두 집단이 있다. 집단 1과 2를 같게 취급하면 사업 A의 편익은 60원, 사업 B의 편익이 50원 이므로 사업 A를 선택해야 한다. 반면, 집단 1이 2보다 중요해서 집단 1에 세 배의 가중치를 적용하면 사업 B가 선택된다.

[표 7-1] 분배적 가중치 사례

	동일한 가중치		집단 1에 세 배의 가중치	
	사업 A	사업 B	사업 A	사업 B
집단 1	10원	20원	10원	20원
집단 2	50원	30원	50원	30원
사회적 편익	60원	50원	80[1])원	90[2])원

---

1) $(10 \times 3) + 50$
2) $(20 \times 3) + 30$

제1절 이론

정부사업으로 A, B, C 세 집단이 각각 100원의 편익을 얻고, 집단 D에게 200원의 비용이 발생한다면 사회 전체의 편익은 100원이다. 모든 집단의 편익과 비용을 단순히 합산해서 사회 전체의 편익을 구하면 결과적으로 모든 집단에 동일한 가중치를 적용하게 된다. 모든 집단의 편익과 비용에 동일한 가중치를 적용하는 것은 전통적인 (conventional) 방식이다. 이 방식을 따르면 재분배가 문제가 된다. 이예에서 집단 D가 소득이 낮다면 네 집단을 같게 취급하는 것이 바람직한가?

가난한 집단의 편익과 비용에 높은 가중치를 적용해야 한다는 주장이 있다. 이를 수정주의(revisionism)라고 한다. 앞의 예에서 집단 A, B, C에 가중치 0.2를, 집단 D에 가중치 0.4를 적용하면 사회 전체의 편익은 −20[3]원이 된다. 집단 A, B, C의 편익 합이 집단 D의 비용의 두 배 이상이 되지 않으면 사업 타당성이 인정되지 않는다. 수정주의를 따를 경우 부유한 집단은 편익을 얻고 가난한 집단에게 비용이 발생하는 사업은 부유한 집단의 편익이 충분히 크지 않는 한 시행되지 않는다. 부유한 집단이 유리한 사업이 시행될 가능성이 낮아지기 때문에 재분배 효과가 있다.

비용편익분석에 재분배 효과를 반영하는 이유는 무엇인가? 수정주의자들은 현재의 분배 상태가 공평하지 않다고 생각한다. 분배 상태가 공평하지 않으므로 부유한 집단에게 비용이 발생하더라도 가난한 집단이 편익을 얻는 사업을 시행해야 한다는 것이 이들의 생각이다. 가난한 집단과 부유한 집단에 동일한 가중치를 적용하면 결과적으로 현재의 불공평을 인정하게 된다.[4]

---

3) $(0.2 \times 100) + (0.2 \times 100) + (0.2 \times 100) - (0.4 \times 200)$
4) 이 밖에, 가난한 집단에 대한 가중치가 높아야 하는 근거로 다음과 같은 것들을 들

이상의 주장에 대해 전통주의자들은 반론을 제기한다. 가난한 집단의 편익과 비용에 높은 가중치를 적용하지 않으면 현재의 분배 상태를 인정하게 된다는 수정주의자들의 주장이 옳더라도 칼도·힉스 보상을 통해 재분배가 가능하다. 앞의 예에서 집단 A, B, C의 편익 합은 300원, 집단 D의 비용이 200원이므로 정부가 A, B, C로부터 200원 이상을 거두어서 집단 D에게 지급하면 된다. 더구나, 가난한 집단의 편익과 비용에 높은 가중치를 적용한다고 해서 재분배가 항상 이루어지는 것도 아니다. 집단 D에 대한 가중치(a_D)가 나머지 세 집단에 적용되는 가중치(a)의 1.5[5]배 이상이 아닌 한 이 사업이 시행되기 때문이다.

전통주의자들의 반론에 대한 수정주의자들의 재반론도 있다. 칼도·힉스 보상이 가정하는 재분배는 실현되기 어려운 정책이다. 정부 사업이 종료된 후 편익을 얻은 집단에서 비용이 발생한 집단으로 소득을 이전하는 것은 사회적 갈등을 야기한다. 사업 시행 전 단계인 비용편익분석 과정에서 재분배 효과를 고려하는 것이 나은 방법일 수 있다. 또한, 가난한 집단의 편익과 비용에 높은 가중치를 적용하는 것

수 있다, 재화의 소비가 늘면 한계효용은 감소한다. 마찬가지로, 소득이 증가하면 소득의 한계효용은 감소한다. 부유한 사람이 1원으로부터 얻는 효용은 가난한 사람의 한계효용보다 작으므로 부유한 사람의 편익과 비용에 낮은 가중치를 적용해야 한다. 또한, 한 사회의 소득이 균등하게 분배되면 사회 전체의 후생이 증가한다. 그 이유는 첫째, 소득이 균등하게 분배되면 사회적 혼란, 범죄, 폭동 등이 감소한다. 둘째, 인간이 생존하기 위해서는 일정 수준의 소득이 필요하다. 셋째, 부유한 사람들 중 일부는 가난한 사람의 형편이 나아지는 것을 선호한다. 이를 이타주의(altruism)라고 한다. 끝으로, 지불의사금액으로 편익과 비용을 측정하면 가난한 사람의 편익과 비용이 제대로 반영되지 않는다. 이는 한 사람이 한 표를 행사하는 일인 일표 원칙에 반한다. 비용편익분석에 민주성을 반영하기 위해서는 영향력이 큰 집단(부자)에 대한 가중치는 낮추고, 영향력이 작은 집단(빈자)에 대한 가중치를 높여야 한다. 이에 대해서는 다양한 이익집단의 영향력을 정책결정자가 조정하는 것이 비민주적이라는 반론이 있다.

5) $(a \times 100) + (a \times 100) + (a \times 100) - (a_D \times 200) = 0$

$\rightarrow (3a \times 100) - ((1 - 3a) \times 200) = 0$

$\rightarrow a = \dfrac{2}{9}, \ a_D = \dfrac{3}{9}$

은 재분배만을 기준으로 정부사업을 평가하기 위해서가 아니다. 적절한 가중치를 적용해서 사회적 편익을 계산한 결과, 가난한 집단이 불리한 사업의 경제성이 인정된다면 그것을 시행해야 한다.[6]

제2절 측정

부자가 편익을 얻고 빈자에게 비용이 발생하거나, 부자가 비용을 부담하고 빈자가 편익을 얻는 경우 가중치의 크기가 문제가 된다. 부자와 빈자의 이해관계가 상충하는 대표적인 예로서 조세·보조금을 들 수 있다. 빈자에게 보조금을 주기 위해 부자에게 조세를 부과하는

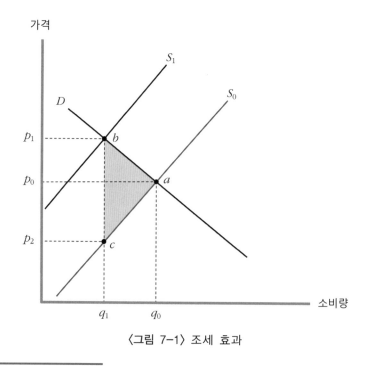

〈그림 7-1〉 조세 효과

---

6) "적절한 가중치가 얼마인가?"라는 의문은 남는다.

경우를 생각해 보자. 〈그림 7-1〉은 조세 효과를 나타낸다. 조세 부과로 재화 가격이 상승하고($p_0 \rightarrow p_1$) 소비는 감소한다($q_0 \rightarrow q_1$). 이에 따라, 소비자 잉여와 생산자 잉여가 감소하지만 정부는 조세수입을 얻는다. 이러한 효과를 요약하면 [표 7-2]가 되는데 결과적으로 사회 전체 후생이 감소한다. 이를 자중 손실(deadweight loss)이라고 한다.

[표 7-2] 조세효과 요약

	편익(수입)	
	증가	감소
생산자		$p_0 a c p_2$
소비자		$p_1 b a p_0$
정부	$p_1 b c p_2$	
합계		abc

조세로 인한 자중 손실이 의미하는 바는 무엇인가? 정부가 빈자에게 100원의 보조금을 지급하기 위해서는 부자로부터 100원보다 많은 세금을 거두어야 한다. 따라서, 조세·보조금은 칼도·힉스 기준을 충족시키지 못한다. 부자의 손실이 빈자의 이득보다 크기 때문이다. 이러한 의미에서 재분배는 비효율적이다. 만약, 세금 100원을 걷는 과정에서 자중 손실 50원이 발생한다면, 빈자에게 100원을 주기 위해 부자로부터 세금 150원을 거두어야 한다. 이는 부자의 손실에 1.0, 빈자의 이득에 1.5의 가중치를 적용한 것과 같다.

학자들의 연구에 의하면 정부가 빈자에게 1원의 보조금을 지급하기 위해서는 부자로부터 1.5~2.0원의 세금을 거두어야 한다. 이러한 연구 결과를 받아들인다면 빈자에 대한 가중치는 2를 초과할 수 없다. 왜 그런가? 정부사업으로 빈자가 편익을 얻고, 부자가 비용을 부담하는 경우를 생각해 보자. 만약, 빈자의 편익이 1원, 부자의 비용이 3원이면 사업을 시행해서는 안 된다. 사업을 시행하기보다는 부자로부터 2원의 세금을 걷는 것이 낫다. 부자가 세금 2원만 내면 빈자는 보조금

1원을 받을 수 있기 때문이다. 부자가 편익을 얻고, 빈자는 비용을 부담하는 경우는 어떤가? 만약, 부자의 편익이 3원, 빈자의 비용이 1원이면 사업을 시행해야 한다. 부자의 편익 중 2원만 세금으로 거두면 빈자에게 보조금 1원을 줄 수 있다.

아래에서는 구체적으로 가중치를 어떻게 측정하는지에 대해 서술한다.

1. 소득과 가중치

부자의 편익과 비용은 충분히 반영되지만 빈자의 편익과 비용이 일부만 반영된다면, 이 문제를 해결하는 직관적인 방법은 부자에게 낮은 가중치를, 빈자에게 높은 가중치를 적용하는 것이다. 예를 들어, 집단 A의 평균소득(y_A)이 전체 평균소득(y^*)의 두 배이고 집단 B의 평균소득(y_B)은 전체 평균소득의 절반이면, 집단 A에 대한 가중치는 0.5, 집단 B에 대한 가중치는 2이다. 이러한 생각을 수식으로 표현하면 식 (7.1)과 같다.

$$\text{집단 i에 대한 가중치} = \frac{y^*}{y_i} \tag{7.1}$$

한 사회에 네 집단이 있고 집단별 평균소득을 알 경우 가중치는 [표 7-3]과 같이 계산된다. 소득이 가장 높은 집단 2에 대한 가중치는 $0.6(\frac{150}{250})$, 소득이 가장 낮은 집단 4에 대한 가중치는 $3(\frac{150}{50})$이다.

[표 7-3] 소득과 가중치

	집단 1	집단 2	집단 3	집단 4	전체
평균소득	200원	250원	100원	50원	150[7]원
가중치	0.75	0.60	1.50	3.00	

2. 효용과 가중치

정부사업의 목표는 사회 전체 편익을 극대화하는 것이므로 집단별 가중치도 편익 즉, 효용을 중심으로 측정하는 것이 바람직하다. 소득의 한계효용이 작은 집단에 낮은 가중치를, 소득의 한계효용이 큰 집단에 높은 가중치를 적용할 수 있다. 이를 수식으로 표현하면 식 (7.2)가 된다. 식 (7.2)에서 mu^*는 전체 평균소득에서 측정한 한계효용을, mu_i는 집단 i의 평균소득에서 측정한 한계효용을 나타낸다. 만약, 집단 i의 평균소득이 전체 평균보다 높다면, 집단 i의 한계효용은 전체 평균보다 낮으므로 가중치는 1보다 작아야 한다.

$$\text{집단 } i \text{에 대한 가중치} = \frac{mu_i}{mu^*} \tag{7.2}$$

구체적인 효용함수를 가정하고 집단 i에 대한 가중치를 계산해 보자. 효용함수가 식 (7.3)일 때 b는 효용의 소득탄력성(ε)이므로[8] 식 (7.3)을 식 (7.4)로 바꿀 수 있다.

$$u(y) = ay^b \tag{7.3}$$
$$u(y) = ay^\epsilon \tag{7.4}$$

식 (7.4)를 소득(y)에 대해 미분해서 집단 i에 대한 가중치를 계산하면 식 (7.5)가 된다. 집단 i에 대한 가중치를 계산하기 위해서는 집단 i의 평균소득, 전체 평균소득, 효용의 소득탄력성을 알아야 한다.

$$\frac{mu_i}{mu^*} = \frac{a\epsilon y_i^{\epsilon-1}}{a\epsilon y^{*\epsilon-1}} = \left(\frac{y^*}{y_i}\right)^{1-\epsilon} \tag{7.5}$$

---

7) $\dfrac{200+250+100+50}{4}$

8) 효용의 소득탄력성은 소득이 1% 변할 때 효용이 몇 퍼센트 변하는지를 나타낸다.
$\epsilon = \dfrac{du}{dy} \times \dfrac{y}{u} = bay^{b-1} \times \dfrac{y^{1-b}}{a} = b$

3. 지불의사금액과 가중치

정부사업으로부터 큰 효용(편익)을 얻는 집단은 작은 효용을 얻는 집단에 비해 한계효용이 작다. 또한, 4장에서 서술한 바와 같이 효용의 크기는 지불의사금액으로 측정된다. 따라서, 특정 사업에 대한 지불의사금액이 큰 집단에 낮은 가중치를, 지불의사금액이 작은 집단에 높은 가중치를 적용해야 한다. 이를 수식으로 나타낸 것이 식 (7.6)이다. 식 (7.6)에서 wtp^*는 평균 지불의사금액을, wtp_i는 집단 i의 지불의사금액이다.

$$\text{집단 i에 대한 가중치} = \frac{wtp^*}{wtp_i} \tag{7.6}$$

구체적인 수요함수를 가정하고 집단 i에 대한 가중치를 계산해 보자. 정부사업으로 특정 재화 공급(q)이 증가해서 가격이 p_0에서 p_1로 하락하는 경우를 가정하자. 이 재화에 대한 수요함수가 식 (7.7)일 때 집단 i의 지불의사금액은 집단 i의 수요함수를 p_1에서 p_0까지 적분한 것이 된다.

$$q = kp^a y^b \tag{7.7[9]}$$

$$wtp_i = \int_{p_1}^{p_0} (kp^a y_i^b) dp = ky_i^b \int_{p_1}^{p_0} (p^a) dp \tag{7.8}$$

마찬가지로, 평균 지불의사금액은 식 (7.9)와 같이 계산된다.

$$wtp^* = \int_{p_1}^{p_0} (kp^a y^{*b}) dp = ky^{*b} \int_{p_1}^{p_0} (p^a) dp \tag{7.9}$$

식 (7.9)를 식 (7.8)로 나눈 집단 i에 대한 가중치는 집단 i의 평균소득, 전체 평균소득, 수요의 소득탄력성의 함수이다. 수요의 소득

---

9) 콥·더글라스(Cobb-Douglas) 수요함수이다.

탄력성은 소득이 1% 변할 때 수요가 몇 퍼센트 변하는지를 나타낸다.

$$\frac{wtp^*}{wtp_i} = \frac{ky^{*b}\int_{p_1}^{p_0}(p^a)dp}{ky_i^b\int_{p_1}^{p_0}(p^a)dp} = (\frac{y^*}{y_i})^b \tag{7.10}$$

지불의사금액을 중심으로 가중치를 계산하는 방식은 한계효용을 바탕으로 한 계산 방식과 유사하다. 효용의 소득탄력성 대신 수요의 소득탄력성을 측정하는 것이 다르다. 효용의 소득탄력성을 측정하기 위해서는 효용함수를, 수요의 소득탄력성을 계산하기 위해서는 수요함수를 추정해야 한다. 대체로 수요함수를 추정하는 것이 용이하다.[10]

4. 한계세율과 가중치

소득집단별로 적용되는 한계세율(marginal rate of taxation)[11]을 가중치로 사용할 수 있다. 누진세제(progressive tax system)하에서는 소득이 증가함에 따라 한계세율이 높아지므로 결과적으로 소득이 높은 집단에 낮은 가중치가 적용된다. 예를 들어, 소득이 1,500만 원인 A와 3,000만 원인 B에 대한 한계세율이 각각 15%, 28%이면, 정부는 A에 대해서는 소득 1원 중 0.15원을, B에 대해서는 소득 1원 중 0.28원을 세금으로 걷는다. 이는 정부가 A의 0.15원과 B의 0.28원을 동일하게 취급한 것이므로 B의 소득에 대한 가중치가 1일 때 A의 소득에 대

---

10) 식 (7.1)과 식 (7.5)를 비교하면 식 (7.5)에 효용의 소득탄력성(ε)이 포함되어 있다. 부자에 대한 가중치가 낮아야 하는 이유는 소득의 한계효용이 낮기 때문이지만, 소득이 1% 증가할 때 효용이 1% 증가하지는 않는다. 식 (7.5)의 ε은 이러한 가능성을 반영하는 모수이다. 식 (7.1)과 식 (7.10)을 비교하면 식 (7.10)에 수요의 소득탄력성을 나타내는 b가 있다. 소득이 높은 집단은 수요량이 많으므로 지불의사금액이 크지만 한계효용은 낮다. 그러나, 소득이 1% 증가한다고 해서 수요량이 1% 증가하는 것은 아니다. 수요의 소득탄력성이 1.5이면 소득이 두 배가 될 때 수요는 세 배로 증가하므로 한계효용이 크게 감소한다. b는 이러한 가능성을 반영하는 모수이다.

11) 소득이 1원 증가할 때 세금이 얼마나 증가하는지를 나타내는 것이 한계세율이다.

한 가중치는 $1.87(\frac{0.28}{0.15})$이다.

이상의 논의를 일반화한 것이 식 (7.11)이다. mrt^*는 평균 한계세율, mrt_i는 집단 i에 대한 한계세율을 나타낸다. 집단 i에 대한 한계세율이 높을수록 가중치가 낮아진다.

$$\text{집단 } i \text{에 대한 가중치} = \frac{mrt^*}{mrt_i} \tag{7.11}$$

5. 기타

정부가 실제로 시행한 사업을 관찰해서 가중치를 계산할 수 있다. 다음과 같은 경우를 생각해 보자. 정부가 사업 A, B 중에서 하나를 선택한다. 사업 시행으로 빈자(L)와 부자(H)가 얻는 순편익의 크기는 사업 A는 NB_A^L, NB_A^H, 사업 B는 NB_B^L, NB_B^H이다. 만약, 사업 A의 순편익 $NB_A(NB_A^L + NB_A^H)$가 사업 B의 순편익 $NB_B(NB_B^L + NB_B^H)$보다 큼에도 불구하고 사업 B가 선택되었다면 재분배 효과가 고려된 것이다. 즉, 식 (7.12)가 성립한다면 재분배를 위해 정부가 사업 B를 시행할 수 있다.

$$NB_A^H > NB_{B,}^H \ NB_A^L < NB_B^L \tag{7.12}$$

$NB_A > NB_B$임에도 불구하고 사업 B를 시행하였다는 것은 정부가 빈자와 부자에 대해 상이한 가중치(w_L, w_H)를 적용하여 사업 B의 순편익이 사업 A보다 작지 않다고 판단하였음을 의미한다. 다시 말해서, 정부는 식 (7.13)이 성립하도록 w_L과 w_H를 설정한 것이다. 식 (7.13)을 풀면 빈자와 부자에 대한 가중치를 구할 수 있다.

$$NB_A = w_L NB_A^L + w_H NB_A^H$$
$$NB_B = w_L NB_B^L + w_H NB_B^H$$

$$w_L + w_H = 1$$
$$NB_A = NB_B \tag{7.13}$$

내부가중치

제2절에서는 이론적인 측면에서 가중치를 어떻게 측정하는지에 대해 논의하였다. 가중치를 측정하기 위해서는 효용 또는 수요의 소득탄력성을 계산해야 하는데 이는 쉽지 않다. 현실에서는 내부가중치 (internal weight)[12]를 바탕으로 사업 시행 여부를 결정하기도 한다. 내부가중치가 높다는 것은 그만큼 분배적 형평성을 감당할 수 있음을 의미하므로 사업의 경제성이 높다고 할 수 있다. 예를 들어, 특정 사업의 내부수익률이 1.33이면 빈자의 편익이나 비용을 33% 높게 평가하지 않는 한 순편익이 정(+)이다.

현실에서 분배적 형평성을 고려하여 특정 사업의 시행 여부를 결정하는 절차를 요약하면 [표 7-4]와 같다.

[표 7-4] 민감도 분석과 내부가중치

1. 모든 집단에 동일한 가중치를 적용하여 사회적 순편익 계산
⇩
2. 가난한 집단에 가중치 2를 적용하여 사회적 순편익 계산
⇩
3. 1과 2를 비교하여 사회적 순편익의 부호가 바뀌는 사업을 찾음
⇩
4. 3에서 찾은 사업의 내부가중치 계산
⇩
5. 사업 시행 여부 결정

---

12) 내부가중치는 내부수익률과 유사한 개념으로서 특정 사업의 사회적 순편익을 영 (0)으로 만드는 가중치이다.

먼저, 전통적인 방식에 따라 모든 집단의 순편익에 동일한 가중치를 적용하여 사회적 순편익을 계산한 후(사회적 순편익 Ⅰ), 가난한 집단의 순편익에 가중치 2를 적용해서 다시 사회적 순편익을 계산한다(사회적 순편익 Ⅱ). 사회적 순편익 Ⅰ이 부(−)이면 사업을 시행하지 않는다. 사회적 순편익 Ⅰ과 사회적 순편익 Ⅱ가 정(+)이면 사업을 시행한다. 만약, 사회적 순편익 Ⅰ이 정(+), 사회적 순편익 Ⅱ가 부(−)이면 내부가중치를 계산한다. 이 사업의 시행 여부는 내부가중치 크기를 바탕으로 결정한다.

[표 7-5]에 제시된 6개 사업에 대해 [표 7-4]를 적용해 보자. [표 7-5]의 두 번째와 세 번째 열은 각각 부자와 빈자의 순편익을 나타낸다. 모든 사업에서 부자와 빈자의 이해관계가 상충한다는 것을 알 수 있다. 네 번째 열은 부자와 빈자의 순편익을 단순히 더한 것이고, 다섯 번째 열은 빈자의 순편익에 가중치 2를 적용해서 합산한 것이다.

사업 1은 빈자에 대한 가중치가 1이든 2이든 사회적 순편익이 부(−)이므로 타당성이 인정되지 않는다. 사업 2와 사업 3은 가중치 크기와 상관없이 사회적 순편익이 정(+)이므로 타당성이 인정된다. 이유는 다르지만 사업 1, 사업 2, 사업 3에 대해서는 내부가중치를 계산할 실익이 없다. 반면, 사업 4, 사업 5, 사업 6은 빈자에 대한 가중치 크기에 따라 경제성이 달라지므로 내부가중치를 계산할 필요성이 있다.

[표 7-5] 내부가중치 사례

| | 편익 | | | | 내부가중치 | 시행 |
	부자(A)	빈자(B)	A+B	A+2B	(빈자 기준)	여부
사업 1	70원	− 80원	− 10원	− 90원		X
사업 2	− 100원	500원	400원	900원		O
사업 3	400원	− 160원	240원	80원		O
사업 4	75원	− 70원	5원	− 65원	1.07	X
사업 5	250원	− 200원	50원	− 150원	1.25	△
사업 6	250원	− 150원	100원	− 50원	1.66	O

[표 7-5]의 여섯 번째 열은 사업 4, 사업 5, 사업 6의 내부가중치를 나타낸다. 사업 4의 경우, 부자의 이득이 빈자의 손실의 $1.07(\frac{75}{70})$ 배이므로 빈자의 손실에 1.07의 가중치를 적용하면 사회적 순편익은 영(0)이 된다. 사업 4는 빈자에 대한 가중치를 조금만 높여도 사회적 순편익이 부($-$)가 되므로 재분배 효과를 고려하지 않아야 시행할 수 있다. 반면, 사업 6의 내부가중치는 1.66이므로 이 사업을 시행하지 않으려면 빈자의 손실에 가중치 1.66 이상을 적용해야 한다. 극단적인 평등주의를 지향하지 않는 한 사업 6의 타당성은 인정된다. 끝으로, 사업 5의 시행 여부는 불분명하다. 빈자에 대한 가중치가 1.25를 초과하면 사회적 순편익이 부($-$)가 되기 때문이다. 가중치 1.25가 높은지, 낮은지는 분석가의 세계관에 의해 결정된다.

제**8**장

불확실성

지금까지 우리는 정부사업의 편익과 비용을 정확하게 안다는 가정하에 논의를 전개하였다. 그러나, 미래에 편익과 비용이 얼마나 발생할지를 정확하게 예측하는 것은 어렵다. 대체로 정부사업이 시행되기 전에 예측한 순편익은 실제로 발생한 순편익과 일치하지 않는다. 순편익 예측치와 실제치의 차이를 유발하는 요인을 불확실성(uncertainty)이라고 할 수 있다.

개념적으로 불확실성은 좁은 의미의 불확실성과 위험(risk)으로 구분된다. 좁은 의미의 불확실성은 발생하는 편익의 크기를 알지만 그것이 발생할 가능성(확률)을 모르는 경우를 의미한다. 순편익의 크기와 발생 확률을 아는 경우는 위험에 해당한다. 예를 들어, 미래에 발생할 것으로 예상되는 순편익이 100원, 200원, 500원, 1,000원이고, 발생 확률이 각각 0.2, 0.5, 0.2, 0.1이면 이는 위험이 존재하는 경우이다.[1] 불확실성이 존재할 경우 우리의 관심사는 확실하지 않은 정부사

---

1) 순편익은 확률변수(random variable), 특정한 순편익이 실현될 가능성은 확률(probability), 특정한 순편익과 그것이 발생할 확률의 관계를 표나 수식으로 나타낸 것을 확률분포(probability distribution)라고 한다. 이 사례에 해당하는 확률분포는 다음과 같다.

순편익	100원	200원	500원	1,000원
확률	0.2	0.5	0.2	0.1

업의 순편익을 하나의 값으로 나타내는 것이다. 비용편익분석의 목적은 복수의 대안에 대한 순위를 정하는 것이기 때문이다.

이 장에서는 비용편익분석에 불확실성을 반영하는 방법에 대해 설명한다. 제1절에서는 좁은 의미의 불확실성을 반영하는 방법을 소개한다. 제2절에서는 순편익의 확률분포를 아는 경우 비용편익분석에 위험을 어떻게 반영하는지에 대해 논의한다. 이 과정에서 확실대등 가치(certainty equivalent value)와 위험 할증(risk premium) 개념을 설명한다. 제3절은 위험을 반영해서 순편익을 계산한 사례이다.

제1절 좁은 의미의 불확실성

미래에 발생할 수 있는 순편익을 알지만 그것이 발생할 확률은 알지 못하는 경우를 좁은 의미의 불확실성이라고 한다.

[표 8-1]을 보면 개별 사업의 순편익은 경제성장률에 따라 달라진다. 예상되는 경제성장률이 1~4%이지만 그것이 실현될 확률은 모른다. 사업별로 발생이 가능한 순편익이 넷이므로 사업 간 우열을 판단할 수 없다. 예를 들어, 경제성장률이 1%이면 사업 D가 최적이지만 경제성장률이 3%이면 사업 A가 최적이다. 최적 사업을 선택하기 위해서는 하나의 사업에 하나의 순편익을 대응시키는 규칙(rule)이 필요하다. 좁은 의미의 불확실성이 존재하는 상황에서는 어떤 규칙을 적용하느냐에 따라 선택되는 사업이 달라진다.[2] 어떤 규칙을 적용하느냐는 분석가의 위험에 대한 태도 또는 미래에 대한 비관성(pessimism) 정도를 나타낸다. 아래에서는 특정한 규칙하에서 어떤 사업이 선택되는지를 살펴본다.

---

[2] 규칙은 일종의 가정이다. 순편익의 확률분포를 모르므로 가정이 없으면 최적 사업을 선택할 수 없다.

[표 8-1] 좁은 의미의 불확실성과 순편익

	경제성장률			
	1%	2%	3%	4%
사업 A	0원	3원	7원	16원
사업 B	4원	4원	4원	5원
사업 C	0원	0원	3원	3원
사업 D	6원	10원	5원	3원

1. 라플라스(Laplace) 규칙

미래에 특정 상황이 발생할 확률을 모르는 경우 가장 합리적인 예상은 무엇인가? 이 사례에서 경제성장률은 넷 중 하나가 된다. 라플라스는 각각의 경제성장률이 실현될 확률을 25%로 가정하는 것이 합리적이라고 하였다. 특별한 정보가 없으면 평균치를 가정하는 것이 최선이라는 생각이다. 라플라스 규칙을 적용하면 결과적으로 사업별 순편익의 확률분포를 알게 되므로 사업별 순편익의 기댓값을 계산할 수 있다. [표 8-2]를 보면 사업 A의 기대순편익이 6.50원으로서 가장 크므로 최적이다.

[표 8-2] 사업별 순편익 기댓값

	사업 A	사업 B	사업 C	사업 D
기대순편익	6.50원[3]	4.25원	1.50원	6.00원

2. 최댓값 극대화(maxi-max)

사업별로 발생이 가능한 순편익 중에서 가장 큰 것(최대 순편익)을 고른 후, 최대 순편익이 가장 큰 사업을 선택하는 규칙이 가능하다. 사업별 순편익의 최댓값을 비교한다는 측면에서 이 규칙은 미래

---

3) $(0.25 \times 0원) + (0.25 \times 3원) + (0.25 \times 7원) + (0.25 \times 16원)$

에 대한 낙관적(optimistic) 기대를 전제한다고 할 수 있다. 이 규칙을 적용하면 사업 A가 선택된다.

[표 8-3] 사업별 순편익 최댓값

	사업 A	사업 B	사업 C	사업 D
최대 순편익	16원	5원	3원	10원

3. 최솟값 극대화(maxi-min)

사업별로 발생이 가능한 순편익 중에서 가장 작은 것(최소 순편익)을 고른 후, 최소 순편익이 가장 큰 사업을 선택하는 규칙도 가능하다. 이 규칙은 사업별 순편익 최솟값을 비교한다는 점에서 미래에 대한 비관적인 기대를 전제한다. 이 규칙을 적용하면 사업 B가 선택된다.

[표 8-4] 사업별 순편익 최솟값

	사업 A	사업 B	사업 C	사업 D
최소 순편익	0원	4원	0원	3원

4. 비관 지수(index of pessimism)[4]

사업별로 편익의 최댓값과 최솟값을 고른 후 적절한 가중치를 적용하여 합산한다. 이를 비관 지수라고 한다. 비관 지수가 가장 높은 사업이 최적이다. 비관 지수를 계산하는 과정에서 사용되는 가중치는 주관적(subjective) 확률이므로 가중치를 어떻게 설정할 것인가가 문제이다. 객관적으로 가중치를 측정할 수 있다면 이는 불확실성이 존재

---

4) 비관 지수에 최대 순편익과 최소 순편익이 반영되므로 최댓값 극대화와 최솟값 극대화를 혼합한 규칙이라고 할 수 있다.

하는 상황이 아니다. 가중치의 객관성이 보장되지 않으므로 비관 지수가 다른 규칙에 비해 우월하다고 할 수 없다. 예를 들어, 최소 순편익에 대한 가중치[5]를 0.9, 최대 순편익에 대한 가중치를 0.1로 설정하면 사업별 비관 지수는 [표 8-5]와 같이 계산되므로 사업 B가 선택된다.

[표 8-5] 사업별 비관 지수

	사업 A	사업 B	사업 C	사업 D
최대 순편익	16원	5원	3원	10원
최소 순편익	0원	4원	0원	3원
비관 지수	1.6원[6]	4.1원	0.3원	3.7원

5. 후회의 최댓값 극소화

최적 사업을 선택하지 않아서 발생하는 순편익의 손실(후회)을 계산하고, 사업별 후회의 최댓값(max regret)을 비교해서 그것이 가장 작은 사업을 선택하는 규칙을 적용할 수 있다.

[표 8-6]은 사업별로 후회의 크기를 계산해서 정리한 것이다. 경제성장률이 1%일 때 사업 A를 선택하면 순편익이 0원이지만 사업 D를 선택하면 6원이다. 따라서, 경제성장률이 1%일 때 사업 A를 선택하면 후회는 6원이 된다. 마찬가지로, 경제성장률이 3%일 때 사업 B를 선택하면 순편익이 7원인 사업 A가 포기되므로 후회 3원이 발생한다. 이러한 방식으로 사업별, 경제성장률별 후회의 크기를 계산하면 사업별로 후회의 최댓값을 파악할 수 있다. [표 8-7]에 따르면 사업 A의 최대 후회가 7원으로서 가장 작으므로 최적이다.

---

5) 최소 순편익에 대한 가중치는 분석가의 비관적 성향을 나타낸다.
6) $(0.1 \times 16원) + (0.9 \times 0원)$

[표 8-6] 사업별 · 경제성장률별 후회

	경 제 성 장 률			
	1%	2%	3%	4%
사업 A	6원	7원	0원	0원
사업 B	2원	6원	3원	11원
사업 C	6원	10원	4원	13원
사업 D	0원	0원	2원	13원

[표 8-7] 사업별 후회 최댓값

	사업 A	사업 B	사업 C	사업 D
최대 후회	7원	11원	13원	13원

제2절 위험

1. 기댓값과 분산

현실적으로 발생이 가능한 편익의 수는 유한하다. 즉, 편익이라
는 확률변수의 값은 제한되어 있다. 예를 들어, 어떤 사람이 출근하면
서 우산을 가지고 갈 것인지를 결정할 때 고려하는 경우의 수는 "비가
온다."와 "비가 오지 않는다."의 두 가지이다. 강도를 만나서 우산을
무기로 사용하는 경우가 발생할 수 있으나, 이러한 가능성은 무시해
도 좋을 만큼 작으므로 우산을 가지고 갈 것인지를 결정할 때 고려되
지 않는다.

위험을 비용편익분석에 반영하는 첫 번째 단계는 미래에 발생할
수 있는 순편익을 나열하는 것이다. 이때, 발생이 가능한 순편익을 빠
짐없이(exhaustive), 중복되지 않게(mutually exclusive) 나열해야 한다.
다음으로, 순편익이 발생할 확률을 측정해서 대응시킨다. 끝으로, 순

편익의 확률분포를 사용해서 기댓값(expected value)을 계산한다.

미래에 발생이 가능한 순편익이 NB_1, NB_2, …, NB_n, 발생 확률이 p_1, p_2, …, p_n이면 순편익의 기댓값은 식 (8.1)과 같이 계산된다. 이것은 일종의 가중 평균(weighted average)인데 순편익의 발생 확률을 가중치로 사용하였다고 할 수 있다.

$$E(NB) = (p_1 \times NB_1) + (p_2 \times NB_2)... + (p_n \times NB_n) \tag{8.1}$$

특정 사업을 시행함에 따라 발생할 것으로 예상되는 순편익의 확률분포가 아래와 같다면 순편익의 기댓값은 320원이다.

[표 8-8] 순편익 확률분포

순편익	100원	200원	500원	1,000원
확률	0.2	0.5	0.2	0.1

$$\begin{aligned} \text{순편익의 기댓값} &= (0.2 \times 100\text{원}) + (0.5 \times 200\text{원}) \\ &\quad + (0.2 \times 500\text{원}) + (0.1 \times 1,000\text{원}) \\ &= 320\text{원} \end{aligned} \tag{8.2}$$

기댓값이 위험을 반영하는 유일한 방법은 아니다. 기댓값은 확률분포의 중심을 나타내는 여러 모수 중 하나이다. 확률분포의 중심을 나타내는 모수로는 중간값(median)과 최빈값(mode)도 있다.[7] [표 8-9]는 [표 8-8]로부터 중간값과 최빈값을 계산한 결과이다.

---

7) 중간값은 관측치를 크기 순서로 배열했을 때 가운데 위치한 값이고, 최빈값은 발생 가능성(빈도)이 가장 큰 값이다.

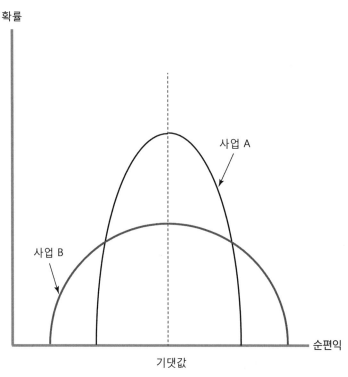

〈그림 8-1〉 기댓값과 분산

[표 8-9] 순편익 중간값과 최빈값

	중간값	최빈값	기댓값
순편익	200원	200원	320원

　기댓값을 계산해서 위험을 반영하는 방법은 불완전하다. 기댓값이 같아도 분산(variance)이 다를 수 있기 때문이다. 이러한 이유로 확률분포의 특성을 나타내는 모수로서 기댓값 외에 분산을 계산한다. <그림 8-1>에서 사업 A와 사업 B의 순편익의 기댓값은 같지만 분산은 사업 B가 크다. 사업 B의 순편익은 매우 작을 수도, 클 수도 있으므로 사업 A보다 위험하다고 할 수 있다. 대체로 사람들은 위험을

싫어하기 때문에 사업 A를 사업 B보다 선호한다. 사람들이 위험기피자(risk averter)이면 순편익의 기댓값과 분산을 모두 고려해야 비용편익분석에 위험을 반영할 수 있다.

[표 8-10]은 네 사업의 순편익의 확률 분포를 바탕으로 기댓값과 분산을 계산한 결과이다. 네 사업 중에서 무엇이 최적인가? 사업 A와 사업 B를 비교하면 순편익의 기댓값이 같지만, 사업 A의 분산이 작으므로 사업 A가 우월하다. 마찬가지로, 사업 C와 사업 D를 비교하면 사업 D가 우월하다. 문제는 사업 A와 사업 D를 비교하는 것이다. 사업 A는 사업 D에 비해 순편익의 기댓값이 크지만 분산도 크다. 두 사업의 우열을 어떻게 판단하는가?

[표 8-10] 순편익 기댓값과 분산

	순 편 익					기댓값	분산
	0원	25원	50원	75원	100원		
사업 A	0.20	0.20	0.20	0.20	0.20	50원	1,250원[8]
사업 B	0.50	–	–	–	0.50	50원	2,500원
사업 C	0.66	0.33	0.33	–	–	25원	625원
사업 D	0.25	0.50	0.25	–	–	25원	312.5원

2. 확실대등 가치

사람들은 큰 기댓값·작은 분산을 선호하므로 큰 기댓값·큰 분산과 작은 기댓값·작은 분산이 무차별할 수 있다. 즉, 개인별로 동일한 효용을 주는 순편익 기댓값과 분산의 조합들이 존재한다. 이것들을 연결하면 일종의 무차별곡선이 만들어진다. 수평축에 순편익의 기댓값을, 수직축에 순편익의 분산을 나타내면, 개별 사업은 평면 위 한 점으로 표시되고 <그림 8-2>와 같은 무차별곡선이 나타난다.[9]

---

8) $\dfrac{(0-50)^2+(25-50)^2+(50-50)^2+(75-50)^2+(100-50)^2}{5}$

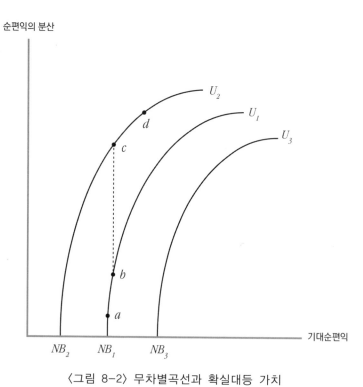

순편익의 분산

U_2

U_1

U_3

d

c

b

a

기대순편익

NB_2 NB_1 NB_3

〈그림 8-2〉 무차별곡선과 확실대등 가치

<그림 8-2>에서 a와 b는 동일한 무차별곡선 위에 있으므로 효용이 같지만, c는 b보다 순편익의 분산이 크기 때문에 효용이 작다. c와 d는 무차별하므로 결과적으로 d는 a와 b보다 효용이 작다. d는 a와 b에 비해 순편익의 기댓값과 분산이 크지만 무차별곡선을 통해 d와 a, b의 우열을 판단할 수 있다.

우리가 무차별곡선을 알면 순편익 기댓값과 분산의 조합을 하나의 값으로 바꿀 수 있다.[10] 무차별곡선 U_1은 수평축과 NB_1에서 만

---

9) 순편익이 증가하면 효용이 증가하지만 한계효용은 감소한다. 이러한 이유로 효용 함수는 원점에 대해 오목(concave)하다. 위험을 싫어하는 정도가 클수록 무차별곡 선의 굴곡이 커진다. 무차별곡선의 굴곡이 크다는 것은 순편익이 증가함에 따라 한 계효용이 급격하게 감소함을 의미한다. 편익 증가로 얻는 효용은 작고, 위험 증가 로 잃는 효용이 크면 큰 편익·큰 위험보다 작은 편익·작은 위험이 선호된다.

난다. 수직축이 분산을 나타내기 때문에 NB_1은 분산이 영(0)인 사업의 순편익 즉, 위험이 없는 확실한 사업의 순편익을 나타낸다. 이것을 확실대등 가치라고 한다. 예를 들어, 무차별곡선 U_2 위에 있는 c와 d는 순편익의 기댓값과 분산이 다르지만 확실대등 가치는 NB_2로서 동일하다. 즉, 위험을 고려한 c와 d의 순편익 크기는 같다. 같은 논리로 d는 a와 b에 비해 순편익의 기댓값과 분산이 크지만 확실대등 가치는 작다.

요약하면, 사람들이 순편익의 기댓값과 분산에 부여하는 가치를 알 수 있다면 즉, 무차별곡선을 파악할 수 있다면, 순편익 기댓값과 분산의 조합을 하나의 숫자로 바꿀 수 있다. 이 숫자가 확실대등 가치이다. 비용편익분석에 위험이라는 요소를 반영한다는 것은 특정 사업의 확실대등 가치를 측정함을 의미한다. 다만, 무차별곡선을 파악하기 위해서는 효용함수를 알아야 한다. 순편익의 기댓값, 분산과 효용의 관계를 나타내는 효용함수를 알아야 무차별곡선을 알 수 있다.

3. 기대효용 극대화

앞에서 설명한 확실대등 가치는 기대효용 극대화(expected utility maximization)를 통해 설명이 가능하다. 위험에 대해 중립적인 사람은 순편익의 기댓값이 큰 사업을 선호한다. 이 사람은 기대순편익을 극대화한다. 그러나, 대다수 사람은 위험을 싫어하므로 단순히 순편익의 기댓값을 극대화하기보다는 순편익의 기댓값($E(NB_i)$)과 분산(σ_i^2)의 함수인 효용을 극대화한다. 사람들은 위험이 고려된 효용을 극대화한다는 이론 중에서 대표적인 것이 기대효용 극대화이다. 우리가 사업별 순편익의 확률분포와 사람들의 효용함수를 알면 순편익의 기대효용은 식 (8.3)과 같이 정의된다.

---

10) 이러한 사실은 매우 중요한 의미를 갖는다. 최적 대안을 선택하기 위해서는 하나의 사업이 한 개의 숫자로 표시되어야 한다.

순편익의 기대효용 $= (p_1 \times U(E(B_1), \sigma_1^2)) + (p_2 \times U(E(B_2), \sigma_2^2)) \cdots$

$$+ (p_n \times U(E(B_n), \sigma_n^2)) \qquad (8.3)$$

여기에서 주의해야 할 사실은 "기대순편익의 효용"과 "순편익의 기대효용"이 다르다는 것이다. 기대순편익은 확실한 순편익이다. 사람들은 불확실한 것보다 확실한 것을 선호하기 때문에 기대순편익의 효용은 순편익의 기대효용보다 크다. 기대순편익의 효용과 순편익의 기대효용을 <그림 8-3>을 통해 자세하게 살펴보자.

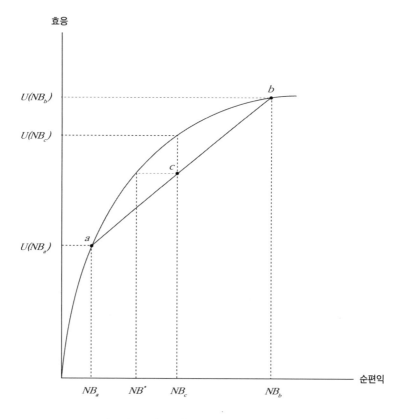

〈그림 8-3〉 효용함수와 확실대등 가치

수평축에 특정 사업의 순편익을, 수직축에 효용을 나타내면, 위험을 싫어하는 사람의 효용 함수는 원점에 대해 오목하면서 우상향하는 형태가 된다. 왜 이러한 형태가 나타나며 이것이 의미하는 바는 무엇인가? <그림 8-3>에서 a의 순편익은 NB_a, 효용은 $U(NB_a)$, b의 순편익은 NB_b, 효용은 $U(NB_b)$이다. a와 b를 직선으로 연결하면 직선 위의 임의의 점(사업) c는 a와 b의 선형 결합(linear combination)이므로 식 (8.4)가 성립한다.

$$c = (w \times U(NB_a)) + ((1-w) \times U(NB_b)), \, 0 \le w \le 1 \qquad (8.4)$$

식 (8.4)에서 가중치로 사용된 w가 a가 시행될 확률 (p)이라면 식 (8.4)는 식 (8.5)로 바뀐다. 식 (8.5)는 c의 순편익의 기대효용이다.

$$c = (p \times U(NB_a)) + ((1-p) \times U(NB_b)), \, 0 \le p \le 1 \qquad (8.5)$$

<그림 8-3>의 a, b, c에서 아래로 수직선을 그으면 수평축에서 각각 NB_a, NB_b, NB_c와 만난다. NB_c는 NB_a와 NB_b의 선형 결합이므로 식 (8.6)이 성립한다. 식 (8.6)은 c의 기대순편익이기 때문에 확실하다. 따라서, $U(NB_c)$는 c보다 크다. 이 조건이 충족되려면 효용함수가 c 위에 위치해야 한다. 또한, 효용함수는 a와 b를 통과해야 하므로 <그림 8-3>과 같이 원점에 대해 오목하다.

$$B_c = (p \times NB_a) + ((1-p) \times NB_b)) \qquad (8.6)$$

끝으로, <그림 8-3>을 통해 앞에서 설명한 순편익의 확실대등 가치를 측정하여 보자. c에서 왼쪽으로 수평선을 그어 효용함수와 만나는 점을 찾은 후, 그 점에서 아래로 수직선을 그어 수평축과 만나는 점(NB^*)를 찾으면 이것이 c의 순편익의 확실대등 가치이다.[11] 위험을 고려한 비용편익분석을 한다는 것은 c의 순편익으로서 NB_c가 아닌

---

11) 확실한 기대순편익 NB^*와 불확실한 순편익 c의 효용이 같다.

NB^*를 사용함을 의미한다. $NB_c - NB^*$를 위험 할증(risk premium)이라
고 한다. 위험 할증은 위험 증가에 대한 보상 또는 위험을 줄이는 대
가라고 할 수 있다.

제3절 사례

1. 개발과 환경: 2기간 모형

　다음과 같은 사례를 생각해보자. 현재 시점에서 특정 지역을 개
발하는 정책은 세 가지이다. 전 지역을 개발하는 정책(F), 일부 지역
을 개발하는 정책(L), 전혀 개발하지 않는 정책이 그것이다. 현재 시
점에서 전 지역을 개발하면 미래에 개발할 여지가 없다. 이번 기에 일
부 지역을 개발하면 다음 기에 나머지 지역을 개발하거나, 개발하지
않는다. 끝으로, 이번 기에 전혀 개발하지 않으면 다음 기에 전 지역
개발, 일부 지역 개발, 미개발 중에서 하나를 선택할 수 있다.

　이번 기에 전 지역이나 일부 지역을 개발할 경우 다음 기에 발생
하는 순편익은 다음 세대가 환경을 경시하느냐, 중시하느냐에 따라
달라진다. 다음 세대가 환경을 경시하면 다음 기에 발생하는 순편익
은 각각 B_F, B_L이다.[12] 만약, 다음 세대가 환경을 중시한다면, 다음
기에는 각각 $-C_F$, $-C_L$의 순편익이 발생한다.[13] 다음 세대가 환경을
경시할 확률은 p이다.

---

12) 이번 기 개발 비용이 B_F나 B_L에 포함되어 있다.
13) 이번 기 개발 비용이 C_F나 C_L이고, 다음 기에는 편익이 발생하지 않는다고 해석할
　　수 있다.

1) 사람들이 위험에 대해 중립적인 경우

사람들이 위험에 대해 중립적이면 기대순편익이 가장 큰 정책이 최적이다. 정책별 기대순편익을 계산하면 [표 8-11]과 같다. 이번 기에 전 지역을 개발하면 순편익은 p의 확률로 B_F이거나 $1-p$의 확률로 $-C_F$이다. 따라서, 기대순편익은 $(p \times B_F) - ((1-p) \times C_F)$이다. 마찬가지로, 이번 기에 일부 지역을 개발하면 기대순편익은 $(p \times B_L) - ((1-p) \times C_L)$이 된다.[14) B_F, B_L, C_F, C_L, p 값을 알아야 무엇이 최선의 정책인지 판단할 수 있다. 다만, 우리는 개별 정책이 최적이 되는 조건은 구할 수 있다.

[표 8-11] 정책별 기대순편익: 2기간 모형

정책(1기)	순편익(2기)		기대순편익
	환경 경시	환경 중시	
전 지역 개발	B_F	$-C_F$	$(p \times B_F) - ((1-p) \times C_F)$
일부 지역 개발	B_L	$-C_L$	$(p \times B_L) - ((1-p) \times C_L)$
미개발	0	0	0

전 지역 개발이 최적이 되는 조건을 유도해보자. 이 정책이 최적이기 위해서는 식 (8.7)이 성립해야 한다. 식 (8.7)의 첫 번째 조건은 전 지역 개발의 기대순편익이 미개발보다 커야 한다는 것이고, 두 번째 조건은 전 지역 개발의 기대순편익이 일부 지역 개발보다 커야 한다는 뜻이다.

$$(p \times B_F) - ((1-p) \times C_F)) > 0,$$
$$(p \times B_F) - ((1-p) \times C_F) > (p \times B_L) - ((1-p) \times C_L) \qquad (8.7)$$

---

14) 이번 기에 개발하지 않으면 다음 세대가 환경을 경시하든, 중시하든 다음 기에 순편익이 발생하지 않는다.

식 (8.7)을 정리하면 식 (8.8)이 유도된다. 이것이 전 지역 개발이 최적일 조건이다. 예를 들어, p가 20%이면 식 (8.8)은 식 (8.9)가 된다. $\dfrac{B_F}{C_F}$는 $\dfrac{B_F - 0}{C_F - 0}$이므로 식 (8.9)의 첫 번째 조건은 전 지역 개발과 미개발의 편익 차이를 비용 차이로 나눈 값이 4를 초과해야 한다는 것이다. 마찬가지로, 식 (8.9)의 두 번째 조건은 전 지역 개발과 일부 지역 개발의 편익 차이를 비용 차이로 나눈 값이 4보다 커야 한다는 의미이다. 다음 세대가 환경을 중시할 확률(80%)이 경시할 확률(20%)의 4배이므로 전 지역 개발의 타당성을 1이 아닌 4를 기준으로 판단한다.

$$\frac{B_F}{C_F} > \frac{1-p}{p}, \ \frac{B_F - B_L}{C_F - C_L} > \frac{1-p}{p} \tag{8.8}$$

$$\frac{B_F}{C_F} > 4, \ \frac{B_F - B_L}{C_F - C_L} > 4 \tag{8.9}$$

같은 방식으로 일부 지역 개발과 미개발이 최적일 조건을 유도하면 각각 식 (8.10)과 식 (8.11)이다.

$$\frac{B_L}{C_L} > \frac{1-p}{p} > \frac{B_F - B_L}{C_F - C_L} \tag{8.10}$$

$$\frac{B_F}{C_F} < \frac{1-p}{p}, \ \frac{B_L}{C_L} < \frac{1-p}{p} \tag{8.11}$$

2) 사람들이 위험을 기피하는 경우

사람들이 위험을 기피할 경우 정책별 순편익의 기대효용을 비교해야 한다. 예를 들어, 식 (8.12)가 성립하면 전 지역을 개발하는 정책이 최적이다. 식 (8.12)에서 부등호 왼쪽은 전 지역 개발에 따른 순편익의 기대효용을, 오른쪽은 일부 지역 개발에 따른 순편익의 기대효용을 나타낸다. 다만, 기대순편익이 클수록 효용이 크기 때문에[15] 현실에서는 식 (8.13)과 같이 두 정책의 기대순편익을 비교하면 된다.

$$(p \times U(B_F)) - ((1-p) \times U(C_F)) > (p \times U(B_L)) - ((1-p) \times U(C_L))$$
(8.12)

$$(p \times B_F) - ((1-p) \times C_F) > (p \times B_L) - ((1-p) \times C_L)$$ (8.13)

전 지역 개발로 인한 순편익은 얼마인가? 전혀 개발하지 않으면 효용이 영(0)이므로 전 지역 개발의 순편익은 식 (8.14)의 R로 정의된다. R에는 위험이 반영되었다고 할 수 있다. R은 기대순편익 $(p \times B_F) - ((1-p) \times C_F)$에 비해 클 수도 작을 수도 있다.[16]

$$(p \times U(B_F - R)) - ((1-p) \times U(C_F + R)) = 0$$
(8.14)

2. 댐 건설

1) 위험이 감소하는 경우

정부가 댐을 건설하려고 한다. 이 지역에 비가 적당히 내릴 확률이 50%, 가뭄이 들 확률은 50%이다. 댐을 건설하지 않는 경우와 건설하는 경우의 주민의 순편익은 [표 8-12]와 같다. 댐을 건설함에 따라 순편익의 변동 폭은 50원(100원 - 50원)에서 10원(100원 - 100원)으로 감소한다. 주민 입장에서는 위험이 감소한다고 할 수 있다.

[표 8-12] 댐 건설: 위험 감소

	미건설	건설
비가 적당히 내릴 경우(50%)	100원	100원
가뭄이 들 경우(50%)	50원	110원

---

15) <그림 8-3>에서 확인되듯이 효용함수는 기대순편익의 증가함수이다.
16) 다음 사례인 댐 건설에서 이를 설명한다.

주민이 위험에 대해 중립적이면 기대순편익을 극대화한다. 주민의 기대순편익은 댐을 건설하지 않으면 $75((0.5 \times 100) + (0.5 \times 50))$원, 댐을 건설하면 $105((0.5 \times 100) + (0.5 \times 110))$원이다. 댐 건설로 인해 주민의 기대순편익이 30원 증가한다. 그러나, 주민이 위험을 기피하면 순편익의 기대효용을 극대화한다. 기대순편익 증가분 30원에는 위험 감소로 인한 효용이 반영되지 않는다. 이 사례에서 위험 감소가 반영된 순편익은 얼마인가? 이를 계산하기 위하여 대표적인 주민의 효용함수를 식 (8.15)로 가정하자.

$$U(B) = \ln(B) \tag{8.15}^{17)}$$

댐 건설로 인해 기대순편익이 증가하므로 기대효용도 증가한다. 즉, 식 (8.16)이 성립한다. 식 (8.16)에서 등호 왼쪽은 댐을 건설하지 않는 경우 주민의 기대효용을, 오른쪽은 댐을 건설하는 경우 기대효용을 나타낸다. 따라서, 위험 감소가 반영된 댐 건설의 순편익은 식 (8.17)의 R로 정의된다. 식 (8.17)을 풀면 R은 34.2원이다. 이는 기대순편익 증가분 30원보다 크다. 댐 건설로 인해 위험이 감소하였기 때문이다.

$$(0.5 \times U(100)) + (0.5 \times U(50)) < (0.5 \times \ln(100)) + (0.5 \times \ln(110)) \tag{8.16}$$

$$(0.5 \times \ln(100)) + (0.5 \times \ln(50))$$
$$= (0.5 \times \ln(100 - R)) + (0.5 \times \ln(110 - R)) \tag{8.17}$$

2) 위험이 증가하는 경우

앞 사례와 유사하지만 댐 건설로 인해 위험이 증가하는 경우를 살펴보자. 이 지역에 비가 적당히 내릴 확률이 80%, 가뭄이 들 확률

---

17) ln은 자연 로그를 나타낸다.

은 20%이다. 댐을 건설하지 않는 경우와 건설하는 경우의 주민의 순편익은 [표 8-13]과 같다. 앞 사례와 달리 댐 건설로 인해 순편익의 변동 폭이 20원(100원 − 80원)에서 100원(200원 − 100원)으로 증가한다. 주민의 기대순편익은 댐을 건설하지 않으면 $96((0.8 \times 100) + (0.2 \times 80))$ 원, 댐을 건설하면 $180((0.8 \times 200) + (0.2 \times 100))$원이다. 댐 건설로 인해 주민의 기대순편익이 84원 증가한다. 이 사례에서도 댐 건설로 인해 기대순편익이 증가하므로 식 (8.18)이 성립한다. 식 (8.18)을 풀면 R 은 71.1원이다. 이는 기대순편익 증가분 84원보다 작다.

[표 8-13] 댐 건설: 위험 증가

	미건설	건설
비가 적당히 내릴 경우(80%)	100원	200원
가뭄이 들 경우(20%)	80원	100원

$$(0.8 \times \ln(100)) + (0.2 \times \ln(80))$$
$$= (0.8 \times \ln(200 - R)) + (0.2 \times \ln(100 - R)) \tag{8.18}$$

제9장

사례

우리나라의 경우 총사업비 500억 원 이상 공공투자 사업은 예비 타당성조사 대상이 된다. 예비타당성조사는 대규모 공공투자 사업에 대한 경제성·정책성 분석을 바탕으로 투자 우선순위 및 시기, 재원 조달 방법 등을 검증함으로써 재정투자 효율성을 높이는 제도이다. 비용편익분석의 핵심은 편익 크기를 측정하는 것이다. 예비타당성조 사에서도 공공투자 사업으로 발생하는 편익 크기를 측정하는 것이 관 건이다.

이 장에서는 구체적인 연구 사례를 통해 편익 크기를 측정하는 방법을 설명하였다. 제1절과 제2절은 각각, 고속도로 건설과 병원 건 립에 대한 실제 예비타당성조사 사례이다. 제3절, 제4절, 제5절은 그 동안 저자가 학술지에 게재한 비용편익분석 관련 논문을 요약한 것이 다. 제3절에서는 소비자잉여와 승수효과를 측정하는 방법을 소개하였 다. 제4절은 학술연구지원사업에 대한 비용편익분석이고, 제5절은 특 허법원 국제재판부 설립에 대한 경제성 평가이다.

제1절 **고속도로 건설[1)]**

서울~양평 고속도로 건설사업은 경기도 하남시 감일동에서 경기도 양평군 양서면까지의 구간(27km)에 왕복 4차로 고속도로를 건설하는 사업이다. 본 예비타당성조사 수행 중 시점~상사창IC 구간(4.5km)을 왕복 6차로에서 4차로로 축소하고, 상사창IC를 설치하는 수정 계획이 제시되었다. 또한, 본 사업 영향권 내에 3기 신도시가 예정되어 있다. 이상의 여건을 감안하여 본 조사에서는 상사창IC와 3기 신도시를 반영한 경우(대안 1)와 상사창IC나 3기 신도시를 반영하지 않은 경우(대안 2)를 분석 대상으로 삼았다.

1. 연구 방법

고속도로 건설에 따른 편익은 직접적 편익과 간접적 편익으로 나뉜다. 직접적 편익은 고속도로를 이용하는 사람들에게 발생하고, 간접적 편익은 고속도로를 이용하지 않는 사람들에게 발생한다. 구체적인 편익 항목은 [표 9-1]과 같다. 다만, 본 조사에서는 통행시간 절감, 운행 비용 절감, 교통사고 감소, 환경비용 감소를 편익으로 간주하였다. 개념적으로 편익은 고속도로 건설에 따른 운행 시간 및 비용 절약으로 정의된다. 편익 크기를 측정하기 위하여 고속도로 구간별 평균 주행속도, 통행량 자료를 사용하였다.

---

1) KDI 공공투자관리센터(2021.5)를 요약.

[표 9-1] 서울~양평 고속도로 건설의 편익

구분	항목
직접적 편익	• 도로－철도 간 전환수요에 의한 통행시간 절감 • 차량 운행 비용 절감 • 교통사고 감소 • 항공－해운 간 전환수요에 의한 편익 • 건널목 개선에 따른 사고 및 지체 감소
간접적 편익	• 환경 비용(대기오염, 소음) 감소 • 지역 개발 효과 • 시장권 확대 • 지역 산업구조 개편 • 고속도로 유지관리비 절감 • 주차 수요 감소로 인한 주차 공간 기회비용 절감 • 공사 중 교통 혼잡으로 인한 부(−)의 편익 • 철도사업으로 인한 도로 공간 축소에 따른 부(−)의 편익

2. 연구 결과

[표 9-2]는 두 대안의 편익과 비용의 현재가치를 측정한 결과이다. 분석 기간은 2032~2061년으로서 30년이고, 할인율은 4.5%이다. [표 9-2]에 의하면, 대안 1과 대안 2 모두 편익·비용 비율이 1보다 작고 순편익은 부(−)이다. 따라서, 두 대안 모두 경제성 측면에서는 타당성이 인정되지 않는다.

[표 9-2] 서울~양평 고속도로 건설의 경제성

	대안 1	대안 2
편익 현재가치(a)	9,800억 원	7,800억 원
비용 현재가치(b)	1조 2천억 원	1조 2천억 원
편익·비용 비율($\frac{a}{b}$)	0.82	0.65
순편익($a-b$)	−2,200억 원	−4,200억 원

이상과 같은 경제성 평가에는 다양한 불확실성이 내포되어 있으므로 민감도 분석이 필수적이다. 본 조사에서는 할인율, 편익, 비용에 대하여 민감도 분석을 수행하였다. 즉, 할인율이 2.5~6.5%로 변하는 경우, 편익과 비용이 각각, -20%~+20%로 변하는 경우를 가정하였다. 민감도 분석을 수행한 결과, 대안 1은 할인율 2.5%를 적용하거나 비용이 20% 감소하여야 경제성이 인정되었다. 반면, 대안 2는 모든 경우에서 경제성이 인정되지 않았다. 요약하면, 두 대안 모두 경제성이 인정되지 않는다.

[표 9-3] 서울~양평 고속도로 건설에 대한 민감도 분석

구분		대안 1		대안 2	
		편익·비용 비율	순편익	편익·비용 비율	순편익
할인율	2.5%	1.09	1,300억 원	0.89	-1,500억 원
	3.5%	0.94	-780억 원	0.77	-2,900억 원
	기준	0.82	-2,200억 원	0.65	-4,200억 원
	5.5%	0.72	-3,100억 원	0.59	-4,300억 원
	6.5%	0.63	-3,600억 원	0.52	-4,600억 원
편익	-20%	0.65	-4,100억 원	0.54	-5,400억 원
	-10%	0.74	-3,200억 원	0.60	-4,600억 원
	기준	0.82	-2,200억 원	0.65	-4,200억 원
	+10%	0.90	-1,200억 원	0.74	-3,000억 원
	+20%	0.98	-220억 원	0.81	-2,300억 원
비용	-20%	1.02	220억 원	0.84	-1,500억 원
	-10%	0.91	-980억 원	0.75	-2,700억 원
	기준	0.82	-2,200억 원	0.65	-4,200억 원
	+10%	0.74	-3,400억 원	0.61	-5,000억 원
	+20%	0.68	-4,600억 원	0.56	-6,100억 원

예비타당성조사의 마지막 단계는 경제성 분석에 정책성 분석을 덧붙여서 사업 시행 여부를 결정하는 것이다. 경제성 분석과 정책성 분석을 종합하는 대표적 방법으로 분석적 계층화법(Analytic Hierarchy Process: AHP)을 들 수 있다. AHP는 의사결정 시 고려되는 다양한 평가 요소를 범주화하고, 개별 범주를 수준별로 계층화한 후, 수준별로 대안들을 분석하고 이를 종합하여 최종적인 의사결정을 내리는 방법론이다. AHP는 아래와 같은 절차에 따라 수행된다.

① 개별 대안의 개념화
② 평가 항목 확정 및 계층구조 설정
③ 평가 항목별 가중치 측정
④ 대안 간 선호도 측정
⑤ 종합점수 산정
⑥ 환류
⑦ 종합적인 판단

AHP에는 경제성과 정책성이 종합되어야 하므로 최상위에 경제성과 정책성이 위치한다. 경제성을 나타내는 평가 기준으로는 비용편익분석 결과인 편익·비용 비율이 주로 사용된다. 정책성 분석은 정성적 평가로서 여기에는 비용편익분석에 반영되지 않은 요인들이 고려된다. 본 조사의 AHP 계층구조는 [표 9-4]와 같다.

[표 9-4] AHP 계층구조: 서울~양평 고속도로 건설

제1계층	경제성	정책성	
제2계층	–	사업추진 여건	정책 효과
제3계층	–	정책 일치성	일자리 효과
	–	지역주민 태도	생활 여건 영향
	–	–	환경성 평가
	–	–	안전성 평가

AHP에서 전문가들은 두 가지 작업을 수행한다. 두 작업은 9점 척도 형식의 설문조사이다. 첫째, 전문가들은 계층별로 개별 평가 항목의 가중치를 정한다. 제1계층에서는 경제성과 정책성의 가중치를, 제2계층에서는 사업추진 여건과 정책 효과의 가중치를 정한다. 제3계층의 경우, 사업추진 여건과 관련해서는 정책 일치성과 지역주민 태도의 가중치를 정하고, 정책 효과에 있어서는 일자리 효과, 생활 여건 영향, 환경성 평가, 안정성 평가의 가중치를 정한다. 따라서, 경제성과 정책성의 가중치를 합산하면 1이 되고, 사업추진 여건과 정책 효과의 가중치를 더한 것이 정책성의 가중치이다. 마찬가지로, 일자리 효과, 생활 여건 영향, 환경성 평가, 안정성 평가의 가중치를 합산하면 정책 효과의 가중치와 같아진다. 둘째, 전문가들은 계층별로 개별 평가 항목의 점수를 매긴다.

본 조사에서 평가 항목별 가중치는 [표 9-5]와 같이 결정되었다. 이 결과는 전문가 10명의 응답 중에서 최고 점수와 최저 점수를 뺀 8명 점수 평균이다.

[표 9-5] 평가 항목별 가중치: 서울~양평 고속도로 건설

	대안 1	대안 2
경제성	0.606	0.606
정책성	0.394	0.394
− 사업추진 여건	0.142	0.145
• 정책 일치성	0.100	0.102
• 지역주민 태도	0.042	0.043
− 정책 효과	0.252	0.249
• 일자리 효과	0.034	0.034
• 생활 여건 영향	0.143	0.142
• 환경성 평가	0.039	0.040
• 안전성 평가	0.035	0.034

[표 9-6]은 AHP 결과를 요약한 것이다. 대안 1의 경우, 사업 시행에 대한 평점이 0.508로서 0.5를 넘는다. 또한, 평가자 8명 중 3명이 사업 시행에 대해 0.5 미만을 주었다. 반면, 대안 2에 대한 AHP 결과를 보면, 사업 시행에 대한 평점이 0.5에 못 미쳤고 평가자 8명 모두 사업 시행에 대해 0.5 미만을 주었다. AHP 점수가 0.45~0.55이면 시행 여부를 신중하게 결정하여야 한다. 이를 회색 영역이라고 한다. AHP 점수가 회색 영역에 있으면 평가자 의견이 일치하는지가 중요하다. AHP 점수가 0.51이더라도 평가자 8명 모두가 사업 미시행에 대해 0.5 미만을 주었다면 신뢰도가 매우 높기 때문이다.

"예비타당성조사 일반지침"은 다음과 같이 권고한다. 첫째, 8명 평가자 의견이 일치하면 AHP 점수가 0.5를 초과할 때 사업을 시행한다. 둘째, 평가자 의견이 7:1, 6:2, 5:3 중 하나일 경우, AHP 점수가 0.45 미만이면 사업을 시행하지 않는다. 반면, AHP 점수가 0.55를 초과하여야 사업을 시행한다. 셋째, 평가자 의견이 4:4이면 AHP 점수가 0.42 미만일 때 사업을 시행하지 않고, AHP 점수가 0.58을 초과하여야 사업을 시행한다. 이 기준을 적용하면 대안 1은 시행 여부를 판단할 수 없고, 대안 2는 시행하지 않아야 한다.

[표 9-6] AHP 결과: 서울~양평 고속도로 건설

	대안 1		대안 2	
	시행	미시행	시행	미시행
평가자 1	0.482	0.518	0.431	0.569
평가자 2	0.507	0.493	0.439	0.561
평가자 3	0.503	0.497	0.448	0.552
평가자 4	0.537	0.463	0.484	0.516
평가자 5	0.523	0.477	0.479	0.521
평가자 6	0.452	0.548	0.402	0.598
평가자 7	0.532	0.468	0.456	0.544
평가자 8	0.499	0.501	0.448	0.552
평균	0.508	0.492	0.452	0.548

병원 건립[2]

　　서울대학교병원은 뇌, 척수 및 근육, 특수감각, 소아 및 희귀 신경계 질환을 특화 진료 영역으로 설정하고, 치매, 뇌졸중 등 난치성 질환을 연구, 치료하는 특화센터를 운영할 계획을 세웠다. 시흥시 입장에서는 공공의료기관 건립 필요성이 대두되는 상황이다. 경기 서남권 인구 증가, 시흥시 의료 수요 증가가 예상되지만 의료 공급이 부족하다.

1. 연구 방법

1) 비용 측정상 쟁점

① 비용 측정 기준

　　총사업비, 운영비 등을 측정하기 위해서는 본 사업과 유사한 사례를 기준으로 정하여야 한다. 최근 건립된 비슷한 규모의 국립대학교병원이 가장 유사한 사례라고 할 수 있다. 기본적으로 500병상 이상 국립대학교병원 자료를 활용하였다.

② 용지보상비

　　용지보상비는 2015년 체결된 계약에 따른 매매가를 기준으로 하되 2015년 이후 공시지가 변동률을 반영한 결과, 361억 원으로 산정되었다. 그러나, 이 금액은 협약상 매매가이며 공시지가와 보상 배율을 고려하면 용지보상비는 약 3,254억 원이다. 시흥시, 서울대학교, 서울대학교병원 간 협약에 의하면, 용지가 무상으로 이전되기 때문에 명시적으로 용지보상비가 지출되지 않지만 기회비용이 달라질 수 있다.

---

2) KDI 공공투자관리센터(2021.4)를 요약.

③ 연구인력에 대한 인건비

의료시설에 대한 예비타당성조사의 경우, 의사와 간호사에 대한 인건비는 고려하지 않는다. 의료시설이 설립되더라도 이들은 위치만 옮길 뿐 같은 의료행위를 수행한다. 다만, 시흥배곧 서울대병원은 진료와 연구를 함께 수행하므로 연구 수행 인력에 대한 인건비를 측정하여야 한다.

④ 비용과 편익 대응

본 조사에서는 일반진료 및 응급진료 편익 외에 특화 진료, 건강관리, 진료 정보 공유, 의료사고 방지 효과를 편익으로 고려하였다. 이러한 편익이 통상적인 운영비를 통해 어느 정도 발생하는지, 추가적인 인력, 장비 등이 필요한지를 검토하여야 한다.

2) 편익 측정상 쟁점

① 진료권 설정

본 병원은 시흥시 배곧지구에 건립되는 의료기관이다. 기존 서울대병원 그룹(본원, 분당 서울대병원, 보라매병원)의 브랜드 가치, 서울대학교 시흥캠퍼스 조성, 시흥시 스마트 시티 사업, 배곧 경제자유구역 지정 등을 고려하면 본 병원이 경기도 서남권 지역에서 대형 종합병원(또는 상급 종합병원)으로 기능할 것이다. 시흥시와 인접한 인천시 연수구(송도 지역)를 주 진료권으로 볼 수 있으나 비슷한 시기에 송도 세브란스병원이 같은 규모로 개원할 예정이다.

② 인구 예측

본 병원이 속한 진료권의 병상 수요 및 편익을 추정하는 데 있어서 가장 중요한 작업은 장래인구를 예측하는 것이다. 본 조사에서는 17개 광역시방자치단체에 대한 2019년 통계청 장래인구 추세를 사용하였다.

③ 표준지침 적용 범위

"KDI 의료지침"에 의하면, 특정 지역에 일반적인 의료기관이 건립되는 경우 교통비 절감, 시간비용 절감, 응급 후송에 따른 사망률 감소를 중심으로 편익 크기를 측정하여야 한다. 본 병원의 사업계획서에는 일반진료 외에 특화 진료, 공공의료, 연구·교육 등이 포함되어 있다. 편익 측정 시 이들 항목을 반영하여야 한다.

2. 연구 결과

1) 비용 측정

본 조사의 경우 비용을 추정하는 데 있어서 가장 중요한 항목은 인건비이다. 의료시설 인력은 의료인(의사, 간호사), 일반직, 운영기능직, 기타직으로 나뉜다. 이 중에서 인건비 산정이 필요한 인력은 일반직(약무직, 영양직, 의료기사 등), 운영기능직(사무직, 기술직), 기타직(아웃소싱)이다. 다만, 본 사업은 연구와 진료를 동시에 수행하는 병원 건립이기 때문에 의료인 중 연구를 수행하는 인력은 인건비를 산정하여야 한다. 본 병원의 경우 연구를 수행하는 의료인은 업무시간의 30% 이상을 연구에 투입할 예정이다. 현재 서울대병원 의료인은 업무시간의 41~57%를 연구에 투입한다는 조사 결과가 있다. 이를 반영하여 본 조사에서는 연구를 수행하는 의료인이 업무시간의 49%를 연구에 투입한다고 가정하였다. [표 9-7]은 본 사업의 비용 항목을 요약한 것이다.

[표 9-7] 총사업비 항목: 시흥배곧 서울대병원 건립

대분류	중분류	소분류
총사업비	–	–
	공사비	건축공사비
		신재생에너지 설치비
		녹색건축물 인증 추가공사비
		부가가치세
	부대비	설계비
		감리비
		시설부대비
		각종 영향평가 용역비
		설계 경제성 평가비
		미술작품 설치비
		부가가치세
	용지보상비	–
	기타 투자비	의료기기
		집기·비품
		전산시스템
		개원 전 운영비
		부가가치세
	예비비	–

2) 편익 측정

① 진료권 설정

"KDI 의료지침"에 의하면, 진료권은 의료기관 유형에 따라 설정된다. 구체적인 내용은 [표 9-8]과 같다. 본 병원은 국립대학병원으로서 건립 지역 내 위치한 기존 종합병원과 차별화되는 높은 수준의 진료를 할 것으로 예상된다. 이에 따라, 본 병원의 진료권을 시흥시, 안산시, 인천광역시 연수구 및 남동구로 설정하였다.

[표 9-8] 의료기관 유형과 진료권 설정

구분	기준	진료권 설정 방법
유형 1	의료시설이 건립되는 시·군·구에 동일한 유형의 의료시설이 없는 경우	• 거리 및 이동시간 • 중력모형 • 의료 이용 행태 관련 설문조사
유형 2	의료시설이 건립되는 시·군·구에 동일한 유형의 의료시설이 있는 경우	의료시설이 건립되는 시·군으로 진료권 설정
유형 3	건립되는 의료시설의 규모 및 진료 수준이 최상위 등급이거나 특수한 목적을 갖는 경우	전국을 진료권으로 설정

② 편익 항목

"KDI 의료지침"이 제시하는 편익 항목을 반영하는 것이 원칙이지만 현실적으로 조사자의 재량이 많다. 본 사업에서 이론적으로 발생이 가능한 편익은 [표 9-9]와 같지만 실제로는 일부 항목만을 편익으로 간주하였다.

[표 9-9] 편익 항목: 시흥배곧 서울대병원 건립

구분	항목
일반진료	의료시설 이용 시간 및 교통비 절감
	해외 환자 유치에 따른 경제적 효과
	신규 의료시설 이용에 따른 건강 개선
특화 진료	초기 집중 재활치료를 통한 재원일 수 감소
	전문 재활치료를 통한 사회 복귀 개선
공공의료	응급의료시설 확충으로 인한 응급환자 사망률 감소
	지역사회 건강 증진 서비스 도입에 따른 만성질환 예방
	ICT 기반 진료 정보 공유에 따른 진료비 절감
	경기 서남권 공공의료 공백 보완
연구	연구개발 활동에 의한 사회경제적 가치 제고
	진료·연구 융합으로 연구성과 조기 창출

교육	의료인 대상 첨단 시뮬레이션 중심 맞춤형 교육
	국가 브랜드 제고 및 융합인재 양성
	남북한 보건의료 협력에 따른 사회경제적 가치 제고

③ 편익 크기

일반진료, 특화 진료, 공공의료, 교육 측면에서 향후 30년 동안 약 3조 4,000억 원의 편익이 발생할 것으로 예상된다. 구체적인 내용은 [표 9-10]과 같다.

[표 9-10] 편익 크기: 시흥배곧 서울대병원 건립

연도	일반진료			특화 진료		공공의료			교육	합계
	교통비 절감	시간 비용 절감	해외 환자 유치	재원일 수 감소	사회 복귀	사망자 감소	건강 증진 서비스	진료 정보 공유		
2026년 (시작)	17억	44억	32억	221억	144억	324억	21억	11억	3억	817억
2055년 (종료)	18억	46억	32억	354억	294억	354억	2억	12억	4억	1,100억
합계 (30년)	539억	1,350억	957억	1조 480억	8,700억	1조 880억	570억	370억	116억	3조 4,000억

환자가 사회로 복귀하면 두 가지 측면에서 편익이 발생한다. 먼저, 노동생산성이 회복된다. "KDI 의료지침"에 의하면, 2010년 기준 임금손실액은 인당 약 1억 4천만 원이다. 여기에 2018년도 소비자물가지수를 반영하면 약 1억 6천만 원을 환자당 임금손실액으로 산정할 수 있다. 그러나, 치료 후 생산성이 완전하게 회복되지 않을 것이다. 본 조사에서는 독일의 노동능력상실률 사례를 참고하여, 최종적으로 1억 6천만 원의 약 13%를 감한 1억 4천만 원을 임금손실액으로 정하였다. 다음으로, 환자 가족이나 친척의 심리적 고통이 사라진다. 한국교통연구원에 의하면, 심리적 비용(고통)은 후유장애가 있으면 1억

2천만 원, 후유장애가 없으면 2,500만 원이다. 여기에 후유장애가 있는 사고와 없는 사고의 비율 34:66을 적용하여 가중평균을 계산하면 2013년 기준 5,800만 원이 된다. 5,800만 원에 2018년도 소비자물가지수를 반영한 6,200만 원을 환자당 심리적 비용으로 가정하였다.

결국, 노동생산성 회복(임금손실액) 1억 6천만 원과 심리적 비용 6,200만 원을 합산한 금액인 2억 2천만 원을 환자의 사회 복귀로 인한 편익으로 산정하였다.

사망자 감소의 편익을 측정할 때도 생산성 회복과 심리적 비용을 산정하여야 한다. 사망의 경우에는 노동능력상실률이 100%이므로 1억 6천만 원을 임금손실액으로 산정하였다. 사망에 따른 심리적 비용은 한국교통연구원이 제시한 2억 8천만 원을 적용할 수 있다. 다만, 사망하지 않아도 심리적 비용이 발생하므로 2억 8천만 원과 5,800만 원의 차이인 2억 2,200만 원에 2018년도 소비자물가지수를 반영한 약 2억 4천만 원을 사망에 따른 심리적 비용으로 사용하였다. 결론적으로, 사망자 감소의 편익은 환자당 약 4억 원(1억 6천만 원 + 2억 4천만 원)이다.

제3절 **프로스포츠 팀 유치**[3]

지방자치제가 시행된 이후 지방정부들은 프로스포츠 팀을 유치하고자 노력하였다. 특정 지역에 프로스포츠 팀이 유치되면 주민들은 유치 비용을 직·간접적으로 부담한다. 일반적으로 지방정부가 경기장을 건설해서 구단에 임대하는데 건설비는 지방채 발행으로 조달된다.

특정 도시에 프로스포츠 팀이 유치되면 다음과 같은 경제적 효과가 발생한다. 프로스포츠 팀은 입장료 수입의 일부를 지방정부에 임대료로 납부한다. 이러한 수입은 가장 직접적인 경제적 효과라고 할

---

3) 오정일 외(2001)를 요약.

수 있다. 다만, 임대료는 경기장 건설비보다 적으며 경기장 운영비를 충당하는 정도에 불과하다. 또한, 유치 도시에 경기장과 부대시설이 건설되므로 투자와 소비가 증가한다. 투자와 소비의 증가는 관련된 산업의 생산과 고용을 증가시킨다. 이러한 직·간접적 효과를 승수효과라고 한다. 승수효과는 다지역산업연관모형(Multi-Regional Input Output Model)을 통해 측정된다. 다음으로, 특정 도시에 프로스포츠 팀이 존재하면 인지도가 높아져서 기업을 유치할 수 있다. 기업유치 효과는 설득력이 있으나 그 크기를 측정하는 것이 어렵다. 끝으로, 프로스포츠 팀을 유치하면 무형의 이익이 발생한다. 대표적인 것이 소비자 잉여이다. 특정 도시에 입지한 프로스포츠 팀은 독점력을 가지므로 자신의 이윤을 극대화하는 입장료를 책정하지만 관중은 입장료 이상의 효용을 얻는다. 소비자 잉여가 발생하는 이유는 주민들이 직접 경기를 관람하기 때문이다.

이 연구에서는 프로스포츠 팀 유치로 발생하는 경제적 효과 중에서 소비자 잉여와 승수효과를 측정하였다. 임대료는 별도 측정이 필요하지 않고, 기업유치 효과는 모호해서 현실적으로 측정이 불가능하다.

1. 연구 방법

1) 소비자 잉여

프로스포츠 팀이 유치된 도시의 주민들의 경기관람 수요는 식 (9.1)과 같다. 식 (9.1)의 p는 입장료, q는 관중 수, y는 주민 소득, θ는 관람 수요에 영향을 미치는 기타 변수를 나타낸다.

$$p = p(q, y, \theta) \tag{9.1}$$

계산의 편의를 위하여 관람 수요를 입장료의 함수로 가정하고 1차 테일러 전개(Taylor expansion)를 하면 식 (9.2)가 유도된다. 식 (9.2)에서 q_0는 특정 시점에서의 관중 수를, $p'(q_0)$는 관람 수요함수를 관중

수에 대해 한 번 미분한 것을, $R(q)$는 잔차 항을 나타낸다.

$$p(q) = p(q_0) + p'(q_0)(q - q_0) + R(q) \qquad (9.2)$$

식 (9.2)를 q_0까지 적분한 후 관중들이 지불한 입장료(p_0q_0)를 빼면 소비자 잉여를 측정할 수 있다.

$$소비자\ 잉여 = \int_0^{q_0} (p(q_0) + p'(q_0)(q - q_0) + R(q))dq - p_0q_0 \qquad (9.3)$$

관람 수요의 입장료에 대한 탄력성(η)을 사용해서 식 (9.3)을 정리하면 식 (9.5)가 유도된다.

$$\eta = -p'(q_0) \times \frac{p_0}{q_0} \qquad (9.4)$$

$$소비자\ 잉여 = \frac{p_0q_0}{2\eta} + \int_0^{q_0} R(q)dq \qquad (9.5)$$

식 (9.5)의 두 번째 항이 충분히 작으면 식 (9.6)이 성립하므로 관중들이 지불한 입장료, 관람 수요의 입장료에 대한 탄력성을 사용해서 소비자 잉여를 측정할 수 있다.

$$소비자\ 잉여 = \frac{p_0q_0}{2\eta} \qquad (9.6)$$

2) 승수효과

두 지역($i = 1,\ 2$)으로 구성된 다지역산업연관모형을 가정하면 균형 조건은 아래와 같다. 식 (9.7)과 식 (9.8)에서 $X^{1(2)}$은 지역 1(2)의 생산량, $Y^{1(2)}$은 지역 1(2)의 최종수요, $A^{1(2)}$은 지역 1(2)의 투입계수, $C^{12(21)}$는 지역 1(2)의 지역 2(1)에 대한 교역계수이다.

$$X^1 = C^{11}A^1X^1 + C^{12}A^2X^2 + C^{11}Y^1 + C^{12}Y^2 \tag{9.7}$$

$$X^2 = C^{22}A^2X^2 + C^{21}A^1X^1 + C^{22}Y^2 + C^{21}Y^1 \tag{9.8}$$

식 (9.7)과 식 (9.8)에서 확인되듯이, 두 지역의 생산량과 최종수요는 교역계수에 의해 연계되므로 지역 1의 최종수요 변화는 지역 2에 영향을 준다. 두 지역의 관계를 명시적으로 나타내기 위해 $Y^2 = 0$을 가정하고 식 (9.7)과 식 (9.8)을 결합하면 식 (9.9)가 유도된다. 식 (9.9)의 I는 단위행렬(unit matrix)이다.

$$(I - C^{11}A^1)X^1 = C^{11}Y^1 + C^{12}A^2(I - C^{22}A^2)^{-1}(C^{21}A^1X^1 + C^{21}Y^1) \tag{9.9}$$

지역 1의 생산은 두 가지 요인에 의해 영향을 받는다. 식 (9.9) 우변의 첫 번째 항은 지역 1의 최종수요가 지역 1의 생산에 미치는 직접적인 효과를, 두 번째 항은 지역 1의 최종수요가 지역 2의 생산에 영향을 주고(확산효과), 지역 2의 생산이 다시 지역 1의 생산에 영향을 주는 것(환류효과)을 나타낸다.

2. 연구 결과

[표 9-11]은 2000년 현재 프로축구 팀을 유치한 우리나라 10개 도시의 연간 소비자 잉여를 나타낸다. 소비자 잉여는 관람 수요의 입장료에 대한 탄력성에 의해 결정되는데 이 연구에서는 수요 탄력성을 측정하지 않았다. 관람 수요의 입장료에 대한 탄력성이 0.5이면 연간 약 6~14억 원의 소비자 잉여가 발생한다. 유치도시의 인구를 감안할 때 이 금액을 크다고 할 수 없다.

[표 9-11] 프로축구의 소비자 잉여

(단위: 천 원)

도시	관중 수	입장료 $(p_0 q_0)$	소비자 잉여($\frac{p_0 q_0}{2\eta}$)				
			η=0.50	η=0.75	η=1.00	η=1.25	η=1.50
대전	107,928	647,568	647,568	431,172	323,784	259,027	215,856
부산	139,277	835,662	835,662	557,108	417,831	334,265	278,554
부천	224,176	1,345,056	1,345,056	896,704	672,528	538,022	448,352
성남	172,910	1,037,460	1,037,460	691,640	518,730	414,984	345,820
수원	237,685	1,426,110	1,426,110	950,740	713,055	570,444	475,370
안양	218,664	1,311,984	1,311,984	874,656	655,992	524,794	437,328
울산	105,765	634,590	634,590	423,060	317,295	253,836	211,530
광양	202,479	1,214,874	1,214,874	809,916	607,437	485,957	404,958
전주	185,654	1,113,924	1,113,924	742,616	556,962	445,570	371,308
포항	208,946	1,253,676	1,253,676	835,784	626,838	501,470	417,892

[표 9-12]는 프로축구 팀 유치로 발생하는 승수효과를 측정한 것이다. 부천, 성남, 수원, 안양은 경기도, 울산은 경상남도, 광양은 전라남도, 전주는 전라북도, 포항은 경상북도 투입계수와 교역계수를 사용하였다. 투입계수와 교역계수는 "1995년 전국 산업연관표"를 기준으로 작성하였고, 입장료는 스포츠산업이 포함되는 방송·문화·오락서

[표 9-12] 프로축구의 승수효과

도 시	생산 효과(억 원)	순소득 효과(억 원)	고용 효과(명)
대 전	11.00	2.70	17
부 산	14.25	3.40	21
부 천	25.91	5.20	38
성 남	19.99	4.00	30
수 원	27.48	5.50	41

안 양	25.28	5.10	37
울 산	10.54	2.60	16
광 양	20.37	4.80	31
전 주	18.39	4.90	28
포 항	21.34	5.40	32

비스(1995년 기준 투입·산출 코드 6404~6405, 6901~6906) 부문 최종수요로 간주하였다. 승수효과를 살펴보면, 생산 효과는 최대 27억 원, 순소득 효과는 최대 5.5억 원에 불과하다. 고용 효과도 크지 않은데 연간 40명을 넘지 않는다.

제4절 학술연구지원사업[4]

학술연구지원사업의 필요성에 대한 논거는 두 가지이다. 하나는 학술연구에 의해 수익이 발생한다는 것이고, 다른 하나는 시장 실패이다. 예를 들어, 농업 분야에 있어서 공공부문 연구개발 투자의 수익률을 측정한 연구에 의하면 수익률이 20% 이상이다. 또한, 학술연구에 의해 만들어지는 지식은 배제성과 경합성이 없으므로 무임승차 문제가 발생한다. 따라서, 시장에 맡길 경우 과소 생산된다.

민간기업이 수행하는 연구개발은 구체적인 경제적 가치를 창출하기 때문에 성과 측정이 용이하지만 대학이나 연구기관의 기초연구는 성과가 생산에 직접 활용되지 않고 상업화에 많은 시간이 소요되므로 경제성을 평가하는 것이 어렵다. 더구나, 인문사회 분야에 대한 학술연구지원사업은 경제적 효과에 대한 인식 자체가 부족하다. 인문

---

4) 장지상 외(2013)를 요약.

사회 분야 학술연구지원사업의 성과는 다양하다. 지식 증진, 연구인력 양성, 새로운 방법론 개발, 네트워크 형성 등이 그 예이다. 인문사회 분야 학술연구지원사업 경제성을 평가하기 위해서는 이러한 효과를 모두 고려해야 하지만, 이 연구에서는 학술지 게재 논문을 결과물로 요구하는 사업을 분석 대상으로 삼았다.

1. 연구 방법

학술논문을 다운로드(download) 하는 것이 보편화되었다. 비슷한 현상은 이미 음악시장에서 나타났다. 음반 형태로 구입하던 음악을 현재는 파일 형태로 소비한다. 또한, 음악의 효용은 눈에 보이지 않으므로 수요함수를 추정하기 위해서는 효용의 대리변수(proxy variable)를 사용해야 한다. 만약, 특정한 곡이 인기가 많다면 다운로드 횟수가 많을 것이다. 논문도 가치가 크면 자주 다운로드 된다고 가정할 수 있다. 서지학에서는 가치가 큰 논문이 많이 인용된다고 가정한다. 여기에서는 논문의 경제적 가치를 다운로드 횟수를 중심으로 측정하였다.

이 연구에서는 인문사회 분야를 7개 하위 분야로 나누어서 논문의 편당 편익·비용 비율을 계산하였다. 논문 한 편의 비용은 연구지원비 총액을 출간된 논문 수로 나눈 것으로 정의하였다. 논문 편당 편익·비용 비율을 측정하기 위해서는 다음과 같은 문제를 해결해야 한다. 첫째, 회귀분석을 통해 학술지별 다운로드 횟수와 논문별 피인용 횟수의 관계를 파악해서 논문 편당 다운로드 횟수를 추정하였다. 둘째, 논문 편당 다운로드 횟수를 추정하더라도 편당 가격을 가정해야 편익을 측정할 수 있다. 유료 논문시장에서 형성된 가격을 바탕으로 논문의 편당 가격을 계산하였다.

이 연구에는 두 종류의 자료가 사용되었다. 하나는 논문별 피인용 횟수이고, 다른 하나는 학술지별로 집계한 다운로드 횟수이다. 논문별로 집계한 피인용 횟수와 다운로드 횟수를 사용하는 것이 이상적이지만 자료의 한계로 집계 단위가 다른 자료를 사용하였다. 이러한 이유로 학술지 단위로 추정된 다운로드 횟수를 논문 편당 다운로드 횟수로 바꾸는 작업이 추가되었다. 자료와 관련된 다른 문제는 피인용 횟수와 다운로드 횟수의 출처가 다르다는 것이다. 2006~2011년에 게재된 인문사회 분야 논문의 피인용 횟수는 한국연구재단에서, 2011년에 경북대학교 도서관에서 논문을 다운로드 한 횟수는 한국학술정보로부터 받았다.

[표 9-13] 표본 구성: 학술연구지원사업

분류	분야	논문 수	학술지 수
경영·경제학	경영학, 경제학, 경제·상업교육, 회계학, 관광학	25,461	151
정치·행정학	–	10,853	91
기타 사회과학	교육학, 문헌정보학, 사회복지학, 사회학, 신문방송학, 심리학, 인문지리학, 지역개발학	49,080	33
어문학	국문학, 국어학, 노어노문학, 독문학, 독어학, 불어학, 서반어문학, 아랍어문학, 언어학, 영문학, 영어학, 이탈리어문학, 일어일문학, 중어중문학	41,037	18
사학	동양사, 서양사, 한국사	10,842	61
기타 인문학	어문학, 사학 제외	19,494	50
예술·체육학	–	24,831	40

2. 연구 결과

1) 편익

(1) 다운로드 횟수

이 연구에서는 식 (9.10)을 회귀분석을 통해 추정하고 이로부터 학술지당 연간 다운로드 횟수를 측정하였다. 이렇게 측정한 다운로드 횟수를 바탕으로 논문 한 편의 누적 다운로드 횟수를 계산하였다. 식 (9.10)에서 y는 학술지별 연간 다운로드 횟수, x_1은 학술지별 연간 피인용 횟수, x_2는 경영·경제 분야 학술지이면 1, 아니면 0, x_3은 기타 사회과학 분야 학술지이면 1, 아니면 0, x_4는 기타 인문학 분야 학술지이면 1, 아니면 0, x_5는 사학 분야 학술지이면 1, 아니면 0, x_6은 어문학 분야 학술지이면 1, 아니면 0, x_7은 정치·행정 분야 학술지이면 1, 아니면 0, x_8은 학술지 서비스 기간이다.

$$y = b_0 + b_1 x_1 + b_2 x_2 + b_3 x_3 + b_4 x_4 + b_5 x_5 + b_6 x_6 + b_7 x_7 + b_8 x_8$$

$$(9.10)$$

식 (9.10)을 추정한 결과가 [표 9-14]이다. 예상대로 특정 학술지가 많이 인용될수록 다운로드 횟수가 많았다. 학술지가 1번 인용되면 연간 1.46회 다운로드 되는 것으로 나타났다. 다운로드 횟수를 학술지별로 집계하였기 때문에 서비스 기간이 긴 학술지의 다운로드 횟수가 많았다. 서비스 기간이 1년 늘어남에 따라 다운로드 횟수가 약 5회 증가하는 것으로 예측되었다. 피인용 횟수가 같더라도 학문 분야에 따라 다운로드 횟수는 다르다. 예술·체육학을 기준으로 경영·경제학, 기타 인문학, 사학, 어문학 분야 학술지는 연간 100회 이상 더 많이 다운로드 되는 것으로 추정되었다. 이러한 추정 결과를 바탕으로 학술지당 연간 다운로드 횟수를 계산한 것이 [표 9-15]이다.

[표 9-14] 회귀분석 결과: 학술연구지원사업

	추정치	표준 오차	t값
상수항(b_0)	−47.49	66.96	−0.71
피인용 횟수(b_1)	1.46	0.15	9.68
경영·경제(b_2)	100.39	63.31	1.59
기타 사회과학(b_3)	66.98	89.19	0.75
기타 인문학(b_4)	105.81	78.06	1.36
사학(b_5)	145.09	74.53	1.95
어문학(b_6)	134.02	82.79	1.62
정치·행정(b_7)	57.39	73.37	0.78
서비스 기간(b_8)	5.15	1.39	3.70
표본 크기	186		
F값	15.79		
조정된 R^2	0.39		

주. 6개 더미변수가 모두 0이면 예술·체육 분야를 나타냄.

[표 9-15] 학술지당 연간 다운로드 횟수

	경영·경제	정치·행정	기타 사회과학	어문학	사학	기타 인문학	예술·체육
다운로드 횟수	269.1	226.1	235.7	302.7	313.8	274.5	168.7

주. 연간 피인용 횟수 74회, 서비스 기간 21년을 가정.

논문 편당 누적 다운로드 횟수를 계산하기 위해서는 두 가지 작업이 수행되어야 한다. 첫째, 학술지당 다운로드 횟수를 논문 편당 다운로드 횟수로 바꾸기 위해서는 학술지당 몇 편의 논문이 게재되는지를 알아야 한다. 둘째, 누적 다운로드 횟수를 계산하려면 논문이 몇 년 동안 유효하며, 시간이 지남에 따라 논문의 가치가 어떻게 변하는지를 파악해야 한다. 여기에서는 논문이 게재된 후 10년간 유효하다고 가정하였다. [표 9-16]은 이러한 방식으로 계산한 논문 편당 누적 다운로드 횟수이다.

[표 9-16] 논문 편당 누적 다운로드 횟수

	전체	경영·경제학	정치·행정학	기타 사회과학
학술지당 연간 다운로드 횟수(a)	264.9	269.1	226.1	235.7
학술지당 연간 게재 논문 수(b)	350.8	340.3	296.5	351.2
논문 유효 기간(c)	10년	10년	10년	10년
논문 편당 연간 다운로드 횟수($\frac{a}{b}$)	0.755	0.791	0.763	0.671
논문 편당 누적 다운로드 횟수($\frac{a}{b} \times c$)	7.55	7.91	7.63	6.71
	사학	기타 인문학	어문학	예술·체육학
학술지당 연간 다운로드 횟수	313.8	274.5	302.7	168.7
학술지당 연간 게재 논문 수	249.3	270.7	391.9	531.2
논문 유효 기간	10년	10년	10년	10년
논문 편당 연간 다운로드 횟수	1.259	1.014	0.772	0.318
논문 편당 누적 다운로드 횟수	12.59	10.14	7.72	3.18

끝으로, [표 9-16]의 논문 편당 누적 다운로드 횟수는 경북대학교를 기준으로 계산한 것이므로 전국적인 다운로드 횟수를 파악하기 위해서는 두 가지 작업이 추가되어야 한다. 첫째, 한국학술정보의 시장점유율을 반영해야 한다. 논문을 다운로드 하는 경로가 다양하기 때문이다. 한국학술정보의 시장점유율이 약 76.5%이므로 [표 9-16]의 다운로드 횟수에 $1.31(\frac{1}{0.765})$을 곱하였다. 둘째, 한국학술정보를 통해 논문을 다운로드 하는 타 기관을 파악해야 한다. 2012년 현재 한국학술정보 서비스를 받는 기관은 563개이다. 전국에 산재한 도서관, 연구소, 정부 및 공기업의 다운로드 횟수를 파악하는 것은 불가능하다. 도

서관과 연구소의 다운로드 횟수를 경북대학교의 30%, 정부 및 공기업의 다운로드 횟수는 경북대학교의 20%로 가정하였다.

(2) 다운로드 가격

논문 편당 가격을 계산하기 위해서는 논문 한 페이지의 가격과 논문 편당 페이지 수를 가정해야 한다. 논문 편당 분량과 한 페이지의 가격을 파악한 후, 양자를 곱해서 논문 편당 가격을 계산하였다. 한국연구재단에 등록된 논문을 대상으로 측정한 결과, 인문사회 분야 논문 한 편의 평균적인 분량은 26페이지이다. 또한, 우리나라 대표적인 유료 사이트에서 논문 가격은 페이지 당 약 154원이다. 여기에서는 논문 한 페이지 가격을 200원으로 가정하므로 논문 편당 가격은 5,200원이다.

2) 비용

[표 9-17]은 2006년에 시작해서 2011년에 종료된 과제 수와 연구비를 요약한 것이다. 사업 종료는 최소 한 편의 논문이 학술지에 게재되었음을 의미한다. 예를 들어, 한 연구자가 1,000만 원의 연구비를 받아서 두 편의 논문을 게재하면 과제 수는 1, 논문 수는 2로 계산된다.

[표 9-17] 학술지원사업비

학문 분야	과제 수(개)	사업비(천 원)	연구비(천 원)	인건비(천 원)
사학	108	4,699,730	4,216,389	1,357,600
어문학	382	12,445,785	11,179,272	3,995,400
기타 인문학	132	4,096,323	3,735,138	1,502,400
정치·행정학	92	3,644,801	3,220,144	817,800
경영·경제학	210	4,761,695	4,304,764	648,200
기타 사회과학	350	11,788,561	10,533,822	2,330,800
예술·체육학	94	2,596,955	2,347,948	469,800
합 계	1,368	44,033,850	39,537,478	11,122,000

3) 편익·비용 비율

[표 9-18]에 제시한 편익·비용 비율은 보수적으로 평가한 인문사회 분야 학술연구지원사업의 경제성이다. 학술연구지원사업의 평균적인 편익·비용 비율은 0.23, 예술·체육학을 제외하면 0.26이다. 도로, 철도, 공공시설 등에 대한 예비타당성조사에서 편익·비용 비율이 0.7~0.8이어야 타당성이 인정된다는 사실을 감안하면 0.26은 높다고 할 수 없다.

[표 9-18] 편익·비용 비율: 학술연구지원사업

	편당 비용 (C)	편당 편익 ($B=a \times b \times c$)	다운로드 횟수(a)	기관 수 (b)	편당 가격 (c)	$\dfrac{B}{C}$
경영·경제학	20,022	5,470	7.91	133	5,200	0.273
정치·행정학	31,570	5,277	7.63	133	5,200	0.167
기타 사회과학	22,365	4,640	6.71	133	5,200	0.207
어문학	21,920	5,339	7.72	133	5,200	0.244
사학	28,879	8,707	12.59	133	5,200	0.301
기타 인문학	20,751	7,013	10.14	133	5,200	0.338
예술·체육학	21,949	2,199	3.18	133	5,200	0.100
평균	22,841	5,221	7.55	133	5,200	0.229

주. 편당 비용과 편당 편익의 단위는 1,000원.

제5절 특허법원 국제재판부 설립[5]

1. 연구 방법

특허법원에 국제재판부를 설치하는 것이 타당한지 여부를 판단하려면 다양한 측면을 고려해야 하는데 이것들은 경제성과 정책성이라는 두 가지 기준으로 집약된다. 이 연구는 경제성에 초점을 맞춘다. 특허법원 국제재판부 설치의 경제성을 평가하는 것은 국제재판부 설치에 따른 편익과 비용을 비교하여 타당성을 파악한다는 뜻이다. 국제재판부 설치로 인한 편익은 직접적 편익과 간접적 편익으로 나뉜다. 직접적 편익은 다른 나라 법원이 수행하던 지식재산권 소송이 우리나라 법원으로 오면서 발생한다. 우리나라 지식재산권 전문가들이 사건을 수임함으로써 얻는 이득이라고 할 수 있다. 간접적 편익은 국제재판부로 인해 유입된 사건을 우리나라 법원이 처리하는 과정에서 발생하는 효과이다. 여기에서는 직접적 편익을 측정하였다.

직접적 편익은 국제재판부에 회부되는 사건 수에 비례해서 증가하므로 사건 수와 사건당 발생하는 경제적 효과를 곱해서 계산한다. 사건 수를 x, 사건당 발생하는 경제적 효과를 β라고 하면 직접적 편익은 식 (9.11)과 같이 정의된다.

$$\text{직접적 편익} = \beta x \tag{9.11}$$

편익과 마찬가지로 비용도 사건 수에 비례하는 부분과 비례하지 않는 부분으로 구성된다. 전자를 가변비용이라고 할 수 있는데 사건 하나를 처리할 때 투입되는 판사와 관련 인력의 시간이 여기에 해당한다. 후자는 사건 수에 비례하지 않으므로 고정비용에 해당한다. 영어로 작성된 국제재판부 운영 절차가 고정비용의 예이다. 가변비용은 사

---

[5] 이문호 외(2017)를 요약.

건 수에 비례하므로 사건당 비용(γ)과 사건 수(x)의 곱으로 정의된다. 사건 수에 비례하지 않는 비용은 이 연구에서 측정하지 않았다.

사건 수에 비례하는 부분만 고려하면 편익과 비용의 비율은 식 (9.12)가 된다. 사건 수에 비례하는 부분의 편익과 비용의 비율을 계산하면 간접적 편익과 고정비용을 무시하게 된다. 편익과 비용의 비율이 $\frac{\beta}{\gamma}$이므로 결과적으로 사건당 발생하는 경제적 효과와 사건당 비용의 비율을 바탕으로 국제재판부 설치의 경제성을 판단한다. 국제재판부를 설치할 경우, 간접적 편익이 크고 고정비용은 작을 것으로 예상되므로 $\frac{\beta}{\gamma}$를 편익·비용 비율의 하한값이라 할 수 있다. 따라서, $\frac{\beta}{\gamma}$가 충분히 크면 국제재판부 설치의 경제성이 인정된다.

$$\frac{\text{편익}}{\text{비용}} = \frac{\beta x}{\gamma x} = \frac{\beta}{\gamma} \tag{9.12}$$

2. 연구 결과

여기에서는 사건당 발생하는 편익과 비용을 측정한 후, 양자의 비율을 계산해서 국제재판부 설치의 경제성을 평가한다. 편익은 변호사가 받는 보수, 외국변호사가 국내에서 지출하는 비용, 지출로부터 파생되는 유발효과의 합으로 정의한다. 비용은 법원이 사건당 부담하는 인건비이다.

1) 편익

(1) 변호사 보수

소송과 같은 분쟁 해결의 편익이 얼마인지를 측정하는 것은 쉽지 않다. 극단적으로 분쟁 해결의 편익을 부정하는 견해도 있다. 분쟁 해결은 당사자 간 소득 이전일 뿐 부가가치가 창출되지 않기 때문이라는 것이다. 이러한 견해는 분쟁 해결을 당연한 것으로 간주한다. 그러나, 분쟁이 해결되지 않으면 부가가치 손실이 발생한다. 분쟁이 없는 경우의 부가가치를 V_{normal}, 분쟁 상황하에서의 부가가치를 $V_{dispute}$ 라고 하면 분쟁 해결의 편익 $\overline{V}$는 식 (9.13)으로 정의된다.

$$\overline{V} = V_{normal} - V_{dispute} \tag{9.13}$$

분쟁이 해결되면 $\overline{V}$의 일부가 법률전문가에게 지급되므로 이를 분쟁 해결의 편익으로 간주할 수 있다. 즉, 변호사가 분쟁 해결의 대가로서 받는 보수를 분쟁 해결의 편익 하한으로 해석하는 것이 가능하다. 외국 기업과 우리나라 기업이 관련된 지식재산권 사건이 우리나라 법원에서 심리되면 우리나라 변호사와 외국 변호사의 소득이 증가한다. 이 중에서 우리나라 변호사의 소득 증가는 우리나라에 귀속되는 부가가치이다. 지식재산권 사건당 변호사 보수는 소송가액, 사건의 성격, 승소 판결의 집행 가능성 등에 따라 달라진다.

우리나라에서 특허 관련 분쟁을 담당하는 전문가의 수임료는 외국에 비해 낮다. 그러나, 국제재판부를 설치하면 고액 소송이 증가해서 변호사 보수가 오를 것으로 예상된다. 국제재판부가 담당할 사건은 중재재판부와 유사할 것이므로 중재재판부 보수를 변호사 보수의 대리변수로 사용할 수 있다. [표 9-19]는 서울국제중재센터 중재 자료를 요약한 것이다. [표 9-19]에 의하면, 5인으로 구성된 중재대리인 한 팀에 지급하는 보수는 평균 10억 원이다. 따라서, 보조인력에 대한 인건비와 기타 비용 등을 제하면 중재대리인 한 명에게 지급되는 보수는 1~1.5억 원이라고 할 수 있다.

[표 9-19] 중재대리인 보수

항목	세부 항목	평균값
심리일	–	4일
인원	중재당사자	4명
	중재대리인	5명
	증인	3명
중재대리인 보수	–	10억 원
기타 비용	항공료	300만 원
	숙식비	300만 원×7일
	기타 지출비용	300만 원×7일

(2) 외국변호사의 국내 지출

국제재판부가 설치되면 외국변호사가 우리나라에 와서 다양한 비용을 지출한다. 이러한 지출은 국제재판부 설치로 인해 우리나라에 직접적으로 발생하는 경제적 효과이다. 외국변호사 한 명이 교통비, 숙박비, 기타 지출로서 900만 원을 지출하고, 사건당 4명의 외국변호사가 우리나라에 온다고 가정하면 사건당 외국변호사의 국내 지출은 3,600만 원이 된다.

(3) 유발효과

Charles River Associates이 토론토 시에서 중재가 이루어질 때 발생하는 유발효과를 추정하였다. 유발효과는 숙박, 음식, 교통 등과 관련된 지출 → 고용 창출 → 소득 증가를 의미한다. 이에 따르면, 2012년 기준 유발효과는 직접적인 지출의 1.3%이다. 이 수치를 우리나라에 적용하면 사건당 발생하는 유발효과는 47(3,600×0.013)만 원으로 예상된다.

이상의 세 효과를 합산하면 국제재판부 설치의 사건당 편익은 약 5억 3,700만 원으로 추정된다.

2) 비용

국제재판부 운영에 소요되는 가변비용의 대부분은 법원이 지출하는 인건비이다. 아래에서는 국제재판을 전담하는 재판부가 사건 하나를 처리할 때 소요되는 인건비를 추정한다.

먼저, 하나의 전담재판부를 운영하는데 소요되는 총인건비를 추정해 보자. 기본적으로 재판부는 합의부이므로 3명의 판사가 필요하다. 이들에게 지급되는 임금, 연금, 의료보험 등을 합산하면 판사당 1.5억 원이 소요된다. 또한, 국제사건 전담재판부에는 판사 3인 외에 통역인과 번역인이 배치된다. 이들에게 지급되는 인건비를 인당 9,000만 원으로 가정하면 하나의 재판부를 운영하는 데 소요되는 총인건비는 6억 3천만 원이다.

다음으로, 사건 수를 추정하기 위해 특허 사건 처리 현황을 살펴보면, 2011~2013년 우리나라 특허법원이 처리한 사건 수는 [표 9-20]과 같다. 이 수치는 국내사건과 국제사건을 합산한 것이므로 국제재판부가 연간 처리할 사건 수는 이보다 적을 것이다. 몇 개의 국제재판부를 설치할 것인가? 재판부당 몇 건의 사건을 처리할 것인가? 등에 대한 답은 사건 수를 추정해야 찾을 수 있다. [표 9-20]에 의하면, 특허법원이 처리한 사건 수는 평균적으로 연간 320건이다. 이 중 50%를 국제사건으로 가정하면 국제재판부가 처리할 것으로 예상되는 사건 수는 160건이다.

[표 9-20] 우리나라 특허법원 사건 수

	2011년	2012년	2013년
재판부(a)	4개	5개	5개
본안 사건(b)	1,242건	1,185건	1,026건
본안 외 사건(c)	300건	334건	341건
사건 수($b+c$)	1,542건	1,519건	1,367건
재판부당 사건 수($\frac{b+c}{a}$)	385건	303건	273건

끝으로, 재판부당 인건비와 사건 수를 이용해서 사건당 비용을 계산한 결과가 [표 9-21]이다. 특허법원에 국제재판부를 설치할 경우, 사건당 소요되는 비용은 390만 원으로 추정된다.

[표 9-21] 사건당 비용

항목	추정치
재판부당 인건비(a)	6억 3천만 원
사건 수(b)	160건
사건당 비용($\frac{a}{b}$)	390만 원

3) 편익·비용 비율

앞에서 추정한 사건당 편익과 비용을 사용해서 편익과 비용의 비율을 계산하면 137.6($\frac{53,650}{390}$)이다. 이는 국제재판부 설치에 지출하는 원당 137.6원의 편익이 발생함을 의미하므로 경제성이 매우 높다고 할 수 있다. 이러한 결과는 높은 변호사 수임료, 상대적으로 낮은 판사 임금, 적지 않은 사건 수에 기인한다.

[표 9-22] 특허재판부 설치의 편익·비용 비율

항목	추정치
편익(β)	5억 3,650만 원
비용(r)	390만 원
편익·비용 비율($\frac{\beta}{r}$)	137.6

적용 및 한계

　정부는 다양한 사업 중에서 최선의 것을 선택하는데 여기에서 "최선"이 의미하는 바는 특정한 이익집단이 아닌 사회 전체의 이익 즉, 공익의 극대화이다. 정부가 사용할 수 있는 자원은 제한적이므로 개별 사업의 우선순위를 정해야 한다. 편익과 비용의 비교를 통한 효율성 측정은 제한된 자원의 배분과 관련된 의사결정에 유용하다. 특정 사업의 타당성이 비용편익분석 결과에 전적으로 의존하는 것은 아니지만, 현실적으로 거의 모든 정부사업에 대해 비용편익분석이 수행되고 그 결과가 중요한 평가 기준이 된다.

　비용편익분석이 특정 사업을 평가하는 완벽한 방법론은 아니다. 문제는 비용편익분석에 대한 시각이 극단적으로 나뉜다는 것이다. 한편에서는 비용편익분석의 효율성 지상주의를 비판하고 방법론 측면에서 발생하는 문제의 심각성을 과장하면서 비용편익분석 결과를 무시하는 반면, 다른 편에서는 비용편익분석 결과를 과신해서 윤리성 측면에서 문제가 되는 사업의 정당성을 확보하는 수단으로 생각한다.

　두 입장 모두 바람직하지 않은 것은 자명하다. 비용편익분석이 특정 사업을 평가하는 과정에서 나타나는 모든 문제를 해결하지는 못하지만 전적으로 무용하지도 않다. 비용편익분석에 대한 극단적인 시각이 나타난 원인 중 하나는 특정 사업을 평가하는 수단으로 비용편익분석이 사용되고 있음에도 불구하고 그것의 유용성과 한계 등에 대한 이론적 논의가 많지 않았기 때문이다.

제1절 비용편익분석과 법경제학[1]

1. 반독점 소송

1) 중간재 시장 담합

중간재 시장에서 담합이 이루어지면 중간재 가격 상승과 거래량 감소를 초래하고, 최종재 시장에서도 가격 상승, 거래량 감소를 유발한다. 최종재 시장에서의 가격 상승 및 거래량 감소로 인해 중간재 시장의 구매자이자 최종재 시장의 생산자(1차구매자)는 이윤이 증가할 수도 감소할 수도 있다. 최종소비자(2차구매자)는 최종재 가격 인상으로 효용이 감소한다.

중간재 시장에서의 담합으로 인한 손해를 정의하는 견해는 세 가지로 나뉜다. 첫째, 1차구매자의 생산자잉여 감소를 손해로 정의하는 견해(제1설), 둘째, 1차구매자의 중간재 구매비용 상승분에서 2차구매자에 대한 손해전가액(2차구매자의 추가 구매비용)을 뺀 금액을 손해로 정의하는 견해(제2설), 셋째, 1차구매자의 중간재 구매비용 상승분을 손해로 정의하는 견해(제3설)가 있다. <그림 10-1>에서 제1설은 $P_0 E_0 S_0 - P_1 E_1 S_1$, 제2설은 $p_1 e_1 e_2 p_0 - P_1 E_1 E_2 P_0$, 제3설은 $p_1 e_1 e_2 p_0$으로 표시된다.

---

[1] 오정일·송평근(2023)에서 인용.

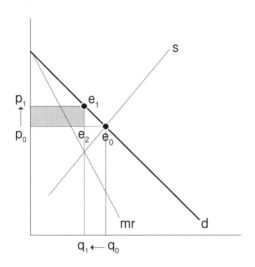

A. 중간재 시장(1차 시장)

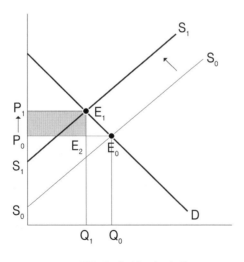

B. 최종재 시장(2차 시장)

〈그림 10-1〉 중간재 시장에서의 담합 효과: 최종재 시장이 경쟁적인 경우

<그림 10-1>을 보면, 최종재 시장에서 가격 인상 전 생산자잉 여가 가격 인상 후 생산자잉여보다 크다. 이 경우에는 1차구매자의 생 산자잉여가 감소한다. 그러나, 이는 단기적인 현상이다. 경쟁시장에서 는 장기적으로 가격 조정이 이루어져서 1차구매자의 이윤이 변하지 않는다. 최종재 시장이 경쟁적이면 중간재 가격 상승에도 불구하고 1차구매자의 이윤에 변화가 없다. 중간재 시장에서 상승한 구매비용 이 최종재 시장에서 2차구매자에게 완전히 전가된다. 따라서, 제1설은 타당하지 않다. 우리나라 대법원은 중간재 시장에서 발생한 담합 사 건에서 구매비용 증가분을 손해로 정의하였으나, 책임 제한의 법리를 통해 2차구매자로의 손해전가액을 차감함으로써 실질적으로 제2설을 받아들였다.

2) 로열티 리베이트(loyalty rebate)

2005년 기준 세계 PC용 CPU시장은 인텔이 79.3%, AMD가 18.5%를 점유하여 양사의 시장점유율 합계가 97.8%이었다. 국내 PC 용 CPU시장도 인텔이 86.9%, AMD가 13.0%를 점유하여 양사의 시장 점유율 합계가 99.9%이었다. 인텔 3사는 2002년 7월~2005년 6월 삼 성전자에 AMD의 CPU를 구매하지 않는 조건으로 리베이트를 지급하 였다. 2008년 11월 공정거래위원회는 인텔 3사에 [표 10-1]과 같은 시정명령을 내리고 266억 원의 과징금을 부과하였다.[2]

로열티 리베이트는 계속적 거래관계에서 발생한다. 지급자는 고 정비용 회수와 안정적인 거래관계 유지를 위하여 로열티 리베이트를 지급한다. 수령자의 입장에서는 실질적으로 구입 단가가 인하되고 안 정적인 공급이 보장된다. 로열티 리베이트 형태로 구입액의 일부가

---

2) 인텔 3사는 자사 CPU만을 사용하던 국내 PC시장 1위 업체인 삼성전자가 2002년 1분기 부터 AMD의 CPU를 탑재한 PC를 출시하려고 하자 이를 포기하는 조건으로 800만 달러 의 리베이트를 제안하였다. 삼성전자가 이를 거부하자 인텔은 분기별 400만 달러이던 리 베이트를 2002년 1분기에 76만 달러로 감액하였다.

환급되면 결과적으로 가격이 할인되므로, 로열티 리베이트를 받지 않은 사업자가 현저하게 불리할 경우 약탈적 가격이 문제가 된다. 또한, 로열티 리베이트는 경쟁사업자와 거래하지 않는 것을 조건으로 지급되므로 배타조건부 거래에도 해당된다.

[표 10-1] 로열티 리베이트 지급에 관한 심결

- 인텔 3사는 국내 PC 제조회사에 다음과 같은 조건으로 리베이트를 제공하는 행위를 하여서는 안 된다.
  - 국내 PC 제조회사가 경쟁사업자의 CPU를 구매하지 아니할 것.
  - 국내 PC 제조회사가 제조·판매하는 PC에 탑재하는 총 CPU의 수량 중 인텔 3사의 CPU 수량의 비율을 일정 수준 이상으로 유지할 것.
  - 국내 PC 제조회사가 특정 유통채널을 통하여 판매하는 PC에 경쟁사업자의 CPU를 탑재하지 말거나 인텔 3사의 CPU를 일정 비율 이상 탑재할 것.
  - 국내 PC 제조회사가 경쟁사업자의 신제품 CPU 국내출시 행사에 참여하지 아니할 것, 경쟁사업자의 신제품 CPU를 탑재한 PC를 출시하지 아니할 것.

공정거래위원회는 인텔 3사가 삼성전자에 지급한 로열티 리베이트가 약탈적 가격에 해당한다고 판단하였다. 그 논거는 다음과 같다. 삼성전자는 2002년 1분기 CPU 구매량의 3%에 해당하는 10,670개를 AMD로부터 구입하였다. 이로 인하여 로열티 리베이트가 76만 달러로 감소하였는데 이는 삼성전자의 인텔 CPU 구매액의 1.15%이다. 삼성전자가 AMD와 거래하면 로열티 리베이트가 감소하므로 그 금액만큼 기회비용이 발생한다고 할 수 있다. 따라서, AMD는 인텔 3사보다 낮은 가격을 제시하여야 삼성전자와 거래할 수 있다.

[표 10-2] 기회비용이 고려된 경쟁 가격 측정(2002년 4분기)

① 2002년 4분기 삼성전자의 CPU 구매량 33만7천 개의 3%는 10,110개
   이다.
② 삼성전자가 10,110개의 CPU를 AMD로부터 구입하면 리베이트는
   627,693달러(인텔 CPU 구매액의 1.15%)가 된다. 이는 CPU를 인텔 3
   사로부터만 구입하는 경우에 비하여 1,372,307달러 적은 금액이다.
③ 감소한 리베이트를 AMD로부터 구매한 CPU 수로 나눈 금액은 약
   135.74[3]달러이다. 즉, 삼성전자가 AMD의 CPU를 구입하면 개당
   135.74달러의 기회비용이 발생한다.
④ 2002년 4분기 인텔 3사의 CPU 가격이 140.30달러이므로 AMD가 인
   텔 3사와 경쟁하려면 4.56(140.30 − 135.74)달러의 가격을 책정하여야
   한다.

[표 10-2]는 AMD가 삼성전자와 거래할 수 있는 가격을 추정하는 과
정을 정리한 것이다. [표 10-2]를 보면, 2002년 4분기 기준 AMD의
CPU 가격이 4.56달러이어야 삼성전자와 거래할 수 있다. 〈그림 10-2〉
는 2002년 4분기~2005년 2분기 인텔 3사의 실제 가격과 [표 10-2]의
방법으로 계산한 AMD의 경쟁 가격을 보여준다. 〈그림 10-2〉에서 확
인되듯이, AMD의 CPU 가격이 100달러 미만이어야 인텔 3사와 경쟁
할 수 있는데 이는 현실적으로 불가능하다.[4] 따라서, 인텔 3사가 삼성
전자에 지급한 로열티 리베이트는 약탈적 가격에 해당된다.

---

3) $\dfrac{1,372,307}{10,110}$

4) <그림 10-2>의 부(−)의 가격은 AMD가 삼성전자에 가격을 지불하고 CPU를 판
   매하여야 한다는 것을 의미한다.

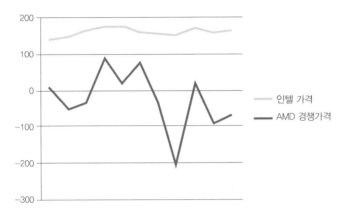

〈그림 10-2〉 인텔 3사의 실제 가격과 AMD의 경쟁 가격
(2002년 4분기~2005년 2분기)

2. 증권 소송

우리나라는 소액 주주의 피해 구제를 목적으로 2005년 증권 관련 집단소송법을 제정하였다. 증권 소송이 이루어지려면 구성원이 50인 이상이고, 그 구성원이 보유한 주식 수량 합계가 피고가 발행한 주식 수량의 1만분의 1 이상이어야 한다. 회계 부정 등을 이유로 소송이 제기되었을 때 그 손해액은 피해주식 수량에 주당 손해액을 곱하여서 산출된다. 아래에서 피해주식 수량과 주당 손해액을 측정하는 방법을 설명하였다.

1) 피해주식 수량

회계 부정 등으로 인하여 주가가 과대평가되었다가 부정행위가 적발되어서 원 상태로 돌아온 경우, 주가가 과대평가된 기간에 주식을 매입한 투자자들이 피해를 입는다. 피해주식 수량을 추정하는 데 사용되는 대표적인 모형으로서 비례거래 모형(Proportional Trading Model), 복수투자 모형(Two Trader Model), 가속거래 모형(Accelerated Trading Model)이 있다.

① 비례거래 모형

비례거래 모형은 모든 주식의 거래 확률이 동일하다고 가정한다. 즉, 이미 거래된 주식이 다시 거래될 확률과 아직 시장에 나오지 않은 주식이 거래될 확률이 같다. 피해주식 수량을 추정하기 위하여 아래와 같이 가정하였다. 이 가정을 바탕으로 비례거래 모형으로 추정한 피해주식 수량이 [표 10-3]이다.

• 발행 주식: 1백만 주 • 1일 주식 거래량: 10만 주 • 피해 기간: 3일

[표 10-3] 비례거래 모형으로 추정한 피해주식 수량

	거래	재거래	신규거래	누적거래	미거래
1일	100,000	–	100,000	100,000	900,000
2일	100,000	10,000	90,000	190,000	810,000
3일	100,000	19,000	81,000	271,000	729,000

[표 10-3]에 의하면, 피해주식 수량은 27만1천 주이다. 이는 3일차 누적거래 주식 수량이다. 추정 과정을 설명하면 다음과 같다. 1일차에 10만 주가 거래되고 90만 주는 거래되지 않는다. 2일차에도 10만 주가 거래되는데 10%[5]인 1만 주는 이미 거래된 주식이 다시 거래된 것이고, 90%[6]인 9만 주는 새롭게 거래된 것이다. 이에 따라, 2일차 누적거래 주식 수량은 19만(10만+9만) 주, 미거래 주식 수량은 81만(100만-19만) 주가 된다. 동일한 논리로 3일차에도 10만 주가 거래되지만 19[7]%인 1만9천 주가 재거래, 81%[8]인 8만1천 주는 신규거래이

---

5) $\dfrac{10만}{10만+90만}$

6) $\dfrac{90만}{10만+90만}$

7) $\dfrac{19만}{19만+81만}$

다. 최종적으로 3일차 누적거래 주식 수량은 27만1천(19만+8만1천)
주가 된다.

② 복수투자 모형

복수투자 모형에서는 투자자를 적극적 투자자와 소극적 투자자
로 나눈다. 적극적 투자자는 소극적 투자자에 비하여 거래 횟수가 많
으므로 적극적 투자자의 비율이 높을수록 피해주식 수량이 증가한다.
또한, 적극적 투자자가 보유한 주식 수가 많을수록 피해주식 수량이
증가한다. 복수투자 모형을 적용하려면 적극적 투자자와 소극적 투자
자가 보유한 주식 수량, 적극적 투자자와 소극적 투자자의 거래 횟수
를 알아야 한다. 여기에서는 아래와 같이 가정하고 피해주식 수량을
추정하였다.

• 발행 주식: 1백만 주   • 1일 주식 거래량: 10만 주   • 피해 기간: 3일
• 적극적 투자자와 소극적 투자자가 보유한 주식 수량 비율: 1 : 4
• 적극적 투자자와 소극적 투자자의 거래 횟수 비율: 4 : 1

복수거래 모형에서는 적극적 투자자와 소극적 투자자의 피해주
식 수를 추정하고 이를 합산하여 피해주식 수량을 계산한다.

[표 10-4] 복수투자 모형으로 추정한 피해주식 수량

A. 적극적 투자자의 피해주식 수량

	거래	재거래	신규거래	누적거래	미거래
1일	50,000	–	50,000	50,000	150,000[9]
2일	50,000	12,500[10]	37,500[11]	87,500[12]	112,500
3일	50,000	21,875	28,125	115,625	84,375

---

8) $\dfrac{81만}{19만+81만}$

9) $200,000 - 50,000$

B. 소극적 투자자의 피해주식 수량

	거래	재거래	신규거래	누적거래	미거래
1일	50,000	–	50,000	50,000	750,000[13]
2일	50,000	3,125[14]	46,875[15]	96,875[16]	703,125
3일	50,000	6,055	43,945	140,820	659,180

먼저, 적극적 투자자와 소극적 투자자가 보유한 주식 수량과 1일 주식 거래량을 계산하여 보자. 발행 주식 100만 주의 20%를 적극적 투자자가 보유하므로 이들의 주식 수량이 20만 주, 소극적 투자자가 보유한 주식 수량은 80만 주이다. 또한, 적극적 투자자와 소극적 투자자의 1일 주식 거래량은 다음과 같이 계산된다.

$$\text{적극적 투자자: } 100,000 \times \frac{1 \times 4}{(1 \times 4) + (4 \times 1)} = 50,000 \tag{10.3}$$

$$\text{소극적 투자자: } 100,000 \times \frac{4 \times 1}{(1 \times 4) + (4 \times 1)} = 50,000$$

다음으로, 적극적 투자자가 보유한 주식 수량이 20만 주, 1일 주식 거래량은 5만 주이고, 소극적 투자자가 보유한 주식 수량이 80만 주, 1일 주식 거래량은 5만 주이므로 각각의 경우에 대하여 비례거래 모형을 적용하여 피해주식 수량을 추정하면 그 결과는 [표 10-4]와 같다. 적극적 투자자의 피해주식 수량 115,625주와 소극적 투자자의 피해주식 수량 140,820주를 합산한 피해주식 수량은 256,445주이다.

---

10) $5\text{만} \times \dfrac{5\text{만}}{5\text{만}+15\text{만}}$

11) $5\text{만} \times \dfrac{15\text{만}}{5\text{만}+15\text{만}}$

12) $50,000+37,500$

13) $800,000-50,000$

14) $5\text{만} \times \dfrac{5\text{만}}{5\text{만}+75\text{만}}$

15) $5\text{만} \times \dfrac{75\text{만}}{5\text{만}+75\text{만}}$

16) $50,000+46,875$

③ 가속거래 모형

가속거래 모형은 이미 거래된 주식이 다시 거래될 확률이 새로운 거래가 이루어질 확률보다 높다고 가정한다. 단기적인 시세 차익을 추구하는 투자자들이 적지 않다는 사실을 감안하면, 가속거래 모형이 비례거래 모형에 비하여 현실 설명력이 높다고 할 수 있다. 여기에서는 아래와 같이 가정하고 피해주식 수량을 추정하였다.

• 발행 주식: 1백만 주   • 1일 주식 거래량: 10만 주   • 피해 기간: 3일
• 재거래 확률이 신규거래 확률의 2배

피해주식 수량은 다음과 같이 추정되었다. 1일차에 10만 주가 거래되고 90만 주는 거래되지 않는다. 2일차에도 10만 주가 거래되는데 18.18%[17]인 18,182주가 재거래이고 81.82%[18]인 81,818주는 신규거래이다. 이에 따라, 2일차 누적거래 주식 수량이 181,818(100,000 + 81,818)주, 미거래 주식 수량은 818,182(1,000,000 − 181,818)주가 된다.

동일한 논리로 3일차에 거래되는 10만 주의 30.77%[19]인 30,769주가 재거래, 69.23%[20]인 69,231주는 신규거래이다. 최종적으로 3일차 누적거래 주식 수량은 251,049(181,818 + 69,231)주이다.

---

17) $\dfrac{10만 \times 2}{(10만 \times 2) + (90만 \times 1)}$

18) $\dfrac{90만 \times 1}{(10만 \times 2) + (90만 \times 1)}$

19) $\dfrac{181,818 \times 2}{(181,818 \times 2) + (818,182 \times 1)}$

20) $\dfrac{818,182 \times 1}{(181,818 \times 2) + (818,182 \times 1)}$

[표 10-5] 가속거래 모형으로 추정한 피해주식 수량

	거래	재거래	신규거래	누적거래	미거래
1일	100,000	–	100,000	100,000	900,000
2일	100,000	18,182	81,818	181,818	818,182
3일	100,000	30,769	69,231	251,049	748,951

[표 10-6] 주당 손해액 추정 방법

- 회계 부정이 존재하지 않는다고 가정할 경우의 주식 매수가격과 실제 주식 매수가격의 차액을 손해배상액으로 본다.
- 회계 부정이 밝혀지기 직전 주가와 회계 부정이 밝혀진 후 안정기의 주가와의 차액을 손해배상액으로 본다.

2) 주당 손해액

허위 공시나 부실 감사로 인한 소송에서 피고는 주식 취득가격과 변론 종결 시 시장가격(변론 종결 전에 처분한 경우에는 처분가격)의 차액을 배상한다. 이 방법은 소송 과정에서 법원이 손해액을 파악하는 데 사용할 수 있으나, 소를 제기하는 과정에서 원고나 피고가 손해액을 추정하는 방법으로는 적합하지 않다. 현실적으로 원고나 피고가 손해액을 추정하는 데 사용할 수 있는 방법은 [표 10-6]과 같다.

피해 기간 주가 변화는 회계 부정과 관계가 없는 부분이 있으므로 정상 매수가격과 실제 매수가격의 차이를 손해액으로 간주하면 주식 매수 시점에 따라 손해액이 달라진다. 따라서, 회계 부정이 있었던 시기와 회계 부정이 없었던 시기의 정상 주가를 추정하여서 그 차이를 주당 손해액으로 간주하는 것이 타당하다. 구체적으로 식 (10.4)와 같은 정상 주가 추정 모형을 설정하고 실제 자료를 사용하여 모형을 추정한 후, 회계 부정이 포함된 설명변수 값을 대입하여 측정한 주가와 회계 부정이 제거된 설명변수 값을 대입하여 측정한 주가의 차액을 주당 손해액으로 정의한다.

$$p_t = \beta_0 + \beta_1 BPS_t + \beta_2 EPS_t + \beta_3 DPS_t + \epsilon_t \qquad (10.4)$$

p_t: 주식가 BPS_t: 주당 순자산

EPS_t: 주당 순이익 DPS_t: 주당 순배당

3. 환경 소송

환경과 관련된 피해는 두 종류로 구분된다. 하나는 생산 과정에서 배출되는 공해이다. 다른 하나는 우발적으로 발생하는 재난이다. 유조선 석유 유출, 방사능 피폭, 붕산 누출 등이 이에 해당한다. 대체로 후자와 관련된 소송을 환경 소송이라고 한다. 환경 소송에 있어서 가해자는 두 가지 책임을 진다. 하나는 오염된 지역을 복구하는 것이고, 다른 하나는 피해를 배상하는 것이다. 피해를 완전하게 배상하려면 피해액이 정확하게 측정되어야 한다. 피해액을 측정하는 구체적인 과정은 [표 10-7]과 같다.

[표 10-7] 피해액 측정: 환경 소송

---

① 피해가 발생한 시점 결정
② 물리적 피해 측정
③ 피해자 범위 결정
④ 물리적 피해의 경제적 가치 추정
⑤ 물리적 피해가 자산 가치에 미치는 영향 측정
⑥ 할인율(discount rate) 결정

여기에서는 콜로라도(Colorado) 주(원고)와 독수리광산(Eagle mine)의 소송을 살펴보았다. 아래에서 확인되듯이, 원고와 피고가 산정한 피해액에 상당한 차이가 있다. 그 이유는 다음과 같다. 첫째, 원고는 피해가 1951년부터 발생한 것으로 가정하였으나, 피고는 피해가 발생한 시점을 1981년으로 정하였다. 둘째, 원고는 독수리강(Eagle river) 전

체가 오염되었고 일반 주민들에게 피해가 발생한 것으로 가정하였으나, 피고는 독수리강 일부가 오염되었고 낚시를 하는 사람들이 피해자라고 가정하였다. 셋째, 피해액을 측정하는 방법이 달랐다.

1) 원고가 측정한 피해액

피해액을 측정하기 위하여 원고는 설문조사를 시행하였다. 아래와 같은 항목이 설문으로 제시되었다. 첫 번째와 두 번째 설문은 독수리강 경제적 가치를 측정하기 위한 것이고, 세 번째 설문은 독수리강 오염이 주택가격에 미치는 영향을 측정하기 위한 것이다. 첫 번째 설문에 대한 응답은 그 자체로 독수리강의 경제적 가치를 나타낸다. 두 번째 설문에 대한 응답은 독수리강의 수요를 나타내므로, 독수리강의 경제적 가치를 계산하려면 여가(leisure)[21]의 가치를 알아야 한다. 원고는 미국산림청이 추정한 여가의 가치를 사용하였다.

- 독수리강을 정화하기 위하여 향후 10년간 얼마를 지불하겠습니까?
- 오염된 독수리강이 정화되면 일주일에 몇 번 가겠습니까?
- 거주하고 있는 주택 가격은 얼마입니까?

원고는 과거 피해액, 미래 피해액, 재산상 피해액을 측정하였다. 과거 피해액을 산정하는 데 있어서 원고는 피해자가 1951~1975년 연간 2.5%, 1976~1985년 연간 1.67% 증가한다고 가정하였다.

미래 피해액은 두 가지 방법으로 측정되었다.[22] 미래 피해액 1은 다음과 같은 방법으로 측정된 금액이다. 독수리강 근처와 콜로라도 주에 거주하는 주민들에게 독수리강을 복구하기 위하여 향후 10년간 얼마를 지불할 것인지 질문하였다. 이렇게 측정한 지불의사금액 평균값에 주민 수를 곱하여 독수리강의 경제적 가치를 측정하였다.[23] 미

---

21) 여가는 강에서 낚시나 수영을 하는 것이다.
22) 총 피해액을 측정할 때는 미래 피해액 1과 미래 피해액 2 중에서 하나가 합산된다.
23) 1985년 기준 독수리강이 지나가는 카운티(county)의 가구 수는 6,063이었다. 가구

래 피해액 2는 두 번째 설문을 바탕으로 측정한 것이다. 독수리강이 복구되면 얼마나 자주 방문할 것인지 질문하였다. 이것과 실제로 방문한 횟수를 비교하여 주민 일인당 피해액을 측정하였다. 주민 일인당 피해액에 독수리강이 지나가는 카운티 또는 콜로라도 주에 거주하는 성인 인구를 곱한 것이 미래 피해액 2이다.

끝으로, 재산상 피해액은 세 번째 설문을 바탕으로 측정되었다. 다만, 독수리광산으로부터 25마일 내에 위치한 주택 가격이 하락한다고 가정하였다.

[표 10-8] 원고가 측정한 피해액: 환경 소송

구 분	금 액	
과거 피해액	인근 주민	900만 달러
	주 전체	4,180만 달러
미래 피해액 1		
• 물과 관련된 활동	인근 주민	200만 달러
	주 전체	630만 달러
• 기타 활동	인근 주민	100만 달러
	주 전체	600만 달러
미래 피해액 2		
• 인근 주민	물과 관련된 활동	340만 달러
	기타 활동	150만 달러
• 주 전체	사용 가치	1,500만 달러
	비사용 가치	3,000만 달러
재산상 피해액	인근 주민	1,220만 달러

수는 향후 10년 연간 2% 증가할 것으로 가정하였다. 또한, 피해액의 현재가치를 계산하기 위하여 할인율 10%를 적용하였다.

2) 피고가 측정한 피해액

기본적으로 피고는 독수리강의 오염된 지역이 대체된다고 가정하였다. 다만, 오염된 지역에서 여가를 즐기던 사람들이 다른 지역으로 이동해야 하므로 이들에게 추가적인 비용이 발생하는 것은 인정하였다.

피고 주장에 의하면, 독수리강 오염으로 인하여 여가를 즐기는 주민들이 10마일을 더 이동하여야 한다. 이를 금액으로 환산하면 주민 일인당 1.35달러이다. 또한, 이동 거리가 늘면 여가 수요가 감소한다. 여가 활동의 경제적 가치는 연간 4,000달러인데, 할인율 6.9%를 적용하여 계산한 여가 활동의 총 가치는 78,000달러이다. 기타 활동의 총 가치도 유사한 방법으로 측정하였다. 주민 한 사람이 독수리강을 한 번 방문할 때 발생하는 기타 활동의 경제적 가치는 0.55달러이다. 연간 1,000명이 10일 동안 독수리강에서 지낸다고 가정하면, 기타 활동의 경제적 가치는 연간 5,500달러인데, 할인율 6.9%를 적용하여 계산한 기타 활동의 총 가치는 100,400달러이다. 끝으로, 피고는 지하수 오염이 주택가격에 영향을 미치지 않는다는 가정하에 정수 비용, 생수 구입비, 우물 오염에 따른 비용만을 피해액으로 고려하였다.

피고가 측정한 네 종류의 피해액은 중복되지 않으므로 합산된다. 총 피해액은 약 24만 달러이다. 이는 원고가 측정한 피해액의 최솟값인 1,200만 달러(과거 피해액 900만 달러＋미래 피해액 300만 달러)의 2%에 불과하다.

[표 10–9] 피고가 측정한 피해액: 환경 소송

구 분	금 액
여가 활동	7.8만 달러
기타 활동	10만 달러
정수 비용 및 생수 구입비	4.7만 달러
우물 오염	1.4만 달러

4. 비재산적 손해

비재산적 손해는 두 가지 측면에서 재산적 손해와 구별된다. 첫째, 재산적 손해는 시장에서 구입한 재화나 용역으로 대체할 수 있지만, 비재산적 손해는 대체가 불가능하다. 둘째, 재산적 손해는 사후에 관찰할 수 있으나 비재산적 손해는 관찰이 어렵다. 이러한 특성으로 인해 비재산적 손해를 산정하는 것이 쉽지 않다. 대체로 비재산적 손해배상액 결정은 법관이나 배심원단의 재량에 맡겨진다.

기본적으로 비재산적 손해도 전보적 성격을 갖는다. 판례는 비재산적 손해를 산정함에 있어서 피해자의 연령, 직업, 사회적 지위, 재산 및 생활 상태를 고려해야 한다고 하였다. 그러나, 다른 판례는 가해자의 고의 또는 과실, 가해 행위의 동기 및 원인, 가해자의 재산 상태, 사회적 지위, 연령, 사고 후 태도 등을 고려해야 하고, 공무원에 의한 인권 침해의 경우, 비재산적 손해배상이 제재적 성격을 갖는다고 하였다. 판례는 판결문에 비재산적 손해배상액 산정의 근거를 일일이 적을 필요가 없고, 그 산정이 사실심의 전권이므로 현저하게 부당하지 않은 한 상고 대상이 되지 않는다고 함으로써 실체적인 기준 제시는 물론, 절차적인 통제도 포기하였다.

1) 생명 · 신체 · 건강

우리나라 법원은 생명·신체 또는 건강 침해를 원인으로 하는 비재산적 손해배상액 산정에 있어서 비공식적으로 식 (10.5)를 사용한다. 식 (10.5)는 서울중앙지방법원 교통·산재 전담 재판부 법관들이 합의하여 정한 것이지만 법적 구속력이 없다. 이렇게 산정된 비재산적 손해배상액은 식 (10.6)에 따라 피해자들에게 배분된다.

비재산적 손해배상액 =

기준 금액×노동능력상실률×(1 − (피해자과실비율×0.6))　　　(10.5)

피해자 : 배우자 : 부모 및 자녀 : 기타 근친 = 8 : 4 : 2 : 1　　　(10.6)

식 (10.5)를 보면 비재산적 손해배상액의 절대적인 크기를 결정하는 요인은 기준 금액이다. 기준 금액은 비재산적 손해에 대한 우리 사회의 가치를 반영하는데 경제가 성장함에 따라 증가하였다. 현재 기준 금액은 8천만 원이다. 즉, 피해자가 노동 능력을 완전히 상실하고, 과실이 전혀 없을 때 받는 금액이 8천만 원이다. 비재산적 손해배상액은 노동능력상실률이 높을수록 커진다.[24] 비재산적 손해배상액을 산정하는 데 있어서 경제적 피해를 나타내는 노동능력상실률을 사용하는 것이 타당한지는 의문이다.[25] 또한, 식 (10.5)를 보면, 피해자 과실이 60%만 반영되는데 그 이유가 분명하지 않다.

근친 존재 및 그 수는 비재산적 손해배상액에 영향을 미치지 않고 배분에만 영향을 미친다. 식 (10.6)에는 가해자나 피해자의 재산 상태, 연령, 사회적 지위 등이 고려되지 않고, 가해자의 고의 또는 중대한 과실로 상해를 가하였는지도 반영되지 않는다.

2) 명예훼손

명예훼손 및 사생활 침해의 경우, 생명·신체 또는 건강 침해와 달리 비재산적 손해배상액을 산정하는 공식이 없다. 다만, 명예훼손의 경우, 가해자가 진실로 믿고 공익을 위하여 명예를 훼손하였는데 그

---

24) 사고 경중에 따라 노동능력상실률이 정해져 있다. 예를 들어, 사지의 완전 마비, 양 안 실명은 노동능력상실률이 100%, 안면 추상은 15%, 성 기능 장애는 10%이다.
25) 노동능력상실률이 높다는 것은 그만큼 경제적 피해가 큼을 의미한다. 경제적 피해 와 비재산적 피해 사이에 정(+)의 상관성이 있으면 노동능력상실률을 비재산적 피해의 대리변수로 사용할 수 있다. 아무튼, 법원도 이러한 문제점을 인식하여 사고로 인해 용모가 추상이 되거나 성 기능 장애를 입은 경우, 노동능력상실률이 아닌 다른 기준을 적용한다.

결과가 중대할 수 있으므로, 비재산적 손해배상액을 산정할 때 전보적 요소와 제재적 요소를 모두 고려한다. 명예훼손 및 사생활 침해의 비재산적 손해배상액은 식 (10.7)과 같은 모형을 통해 추정할 수 있다.

$$손해배상액 = \beta_0 + \beta_1 침해\ 유형 + \beta_2 정정보도\ 여부 + \beta_3 원고\ 특성 \qquad (10.7)$$
$$+ \beta_4 피고\ 유형 + \beta_5 귀책\ 정도 + \beta_6 피고\ 처벌\ 여부$$
$$+ \beta_7 공익\ 관련성 + \beta_8 판결\ 연도 + \epsilon$$

식 (10.7)에서 '침해 유형', '정정보도 여부', '공익 관련성'은 전보적 요소를 나타낸다. '침해 유형'은 공적·사회적 평가의 침해, 신용 침해, 중대한 사생활 침해, 초상권·음성권 기타 중립적 사생활 침해로 분류된다. 식 (10.7)의 '귀책 정도'와 '피고 처벌 여부'는 제재적 요소이다. '귀책 정도'는 통상적인 침해, 과실 또는 경솔로 인한 침해, 악의적인 침해로 나뉜다. 이 밖에, '원고 특성'으로 원고가 정치인, 공무원, 연예인 등 공인이거나 저명한 사람인지를 고려할 수 있고, '피고 유형'은 매체 영향력에 따라 전국 방송, 전국 일간지, 인터넷 신문, 기타 매체로 구분된다.

명예훼손 및 사생활 침해 관련 2007~2011년 판결문을 사용하여 식 (10.7)을 추정한 결과를 요약하면 다음과 같다. '침해 유형'[26], '피고 유형'[27], '공익 관련성'[28]이 비재산적 손해배상액을 결정하였다. 또한, "가장 영향력이 큰 매체를 통해 침해 정도가 가장 큰 공적·사회적 평가를 침해"하여도 비재산적 손해배상액이 3,500만 원에 불과하였다.

---

26) 침해 이익이 클수록 손해배상액이 컸다. 침해 유형별 손해배상액은 공적·사회적 평가, 중대한 사생활, 영업상 신용, 초상권·음성권 기타 중립적 사생활 순으로 컸다.
27) 매체 영향력이 클수록 손해배상액이 컸다. 매체별 손해배상액은 인터넷 신문·포털, 전국방송, 전국신문, 기타 매체 순으로 컸다.
28) '공익 관련성'이 높을수록 손해배상액이 작았다.

3) 이혼위자료

서울가정법원이 위자료 청구가 인용된 사건을 분석하여 마련한 "위자료 산정표"는 청구인의 나이, 혼인 기간, 자녀 수, 이혼 원인, 기타를 고려 요소로 정하고, 각각에 대하여 점수를 주어 그 총합 구간별 위자료 기준액을 제시한다. 이러한 고려 요소는 전보적 요소 외에 제재적 요소도 반영하고 있다.

논문 "이혼 후 재산분할의 비율 및 이혼 위자료액의 결정"은 2009~2011년 서울, 부산, 대구, 광주, 대전 지역 가정법원이 선고한 이혼소송 1심 판결 1,098건을 회귀분석 방법으로 분석하였다. 위자료가 어떻게 결정되는지 분석하기 위해서는 적절한 설명변수를 설정할 필요가 있다. 여기에서는 혼인 기간, 자녀 수, 당사자 연령, 이혼 사유, 원고 성별, 재산 규모가 설명변수로 설정되었다. 그리고, 법원별 편차와 재산분할비율이 위자료에 미치는 영향을 고려하였다. [표 10-10]은 설명변수를 정리한 것이다.

[표 10-10] 이혼위자료 추정을 위한 설명변수

변수 명		정의
혼인 기간		결혼 생활이 지속된 기간, 단위는 년
자녀 수		미성년 자녀 수, 단위는 명
당사자 연령	원고 연령	위자료를 받은 사람의 나이, 단위는 세
	피고 연령	위자료를 준 사람의 나이, 단위는 세
이혼 사유	부정행위	배우자의 부정한 행위가 있으면 1
	악의적 유기	배우자가 다른 일방을 악의로 유기했으면 1
	부당대우	배우자나 그 직계존속의 부당 대우를 받았으면 1
	존속 부당대우	자신의 직계존속이 배우자의 부당 대우를 받았으면 1
원고 성별		위자료를 받은 사람이 남성이면 1
재산 규모	원고 재산	위자료를 받은 사람의 순 재산, 단위는 억 원
	피고 재산	위자료를 준 사람의 순 재산, 단위는 억 원

지역 (서울 기준)	광주	광주 가정법원 판결이면 1
	대구	대구 가정법원 판결이면 1
	대전	대전 가정법원 판결이면 1
	부산	부산 가정법원 판결이면 1
재산분할비율		위자료를 받은 사람에 대한 재산분할비율

주된 연구 결과는 다음과 같다. '혼인 기간'이 10년 길어질 때마다 위자료가 447만 원 증액되었다. '당사자 연령'은 영향을 미치지 않았다. 원고가 여성이면 560만 원 정도 위자료가 증액되었다. '이혼사유'에 '부정행위'가 포함되면 위자료 500만 원을 증액시키는 효과가 있었다. 우리나라 법원은 부정행위에 대하여 높은 위자료를 인정하는 셈이다. '재산 규모'의 경우 통계적 유의도가 낮을 뿐 아니라 계수 크기도 무시해도 좋을 수준이었다. 즉, 재산분할비율과 위자료 사이에는 상관성이 없었다. 이 밖에, 부산지방법원이 선고한 사건은 평균적으로 위자료가 560만 원 정도 낮았다. 이상의 결과를 요약하면 아래와 같다.

구분	설명변수		영향
전보적 측면	혼인 기간		정(+)
	당사자 연령		없음
	원고 성별		정(+)
제재적 측면	이혼 사유	부정행위	정(+)
		기타	없음
제재적·부양적 측면	재산 규모		없음
보완적 측면	재산분할비율		없음

비용편익분석 비판[29]

1. 방법론 비판

1) 이해관계자 범위

비용편익분석과 관련된 논쟁 중 상당 부분이 이해관계자 범위에 관한 것이다. "누구의 편익과 비용을 측정할 것인가?"가 문제가 된다. 이는 정부사업에 이해관계를 갖는 사람을 규정하는 문제이다. 이해관계자 범위에 관한 가장 보편적인 정의는 모든 사회구성원이다. '사회'와 '구성원'을 정의하는 것은 쉽지 않다. 아래와 같은 경우에 이해관계자를 어떻게 정의할 것인가?

  A. 대다수 정부사업은 수십 년에 걸쳐 효과가 발생한다. 아직 태어나지 않은 후손은 비용편익분석 대상이 되는가? 이들은 이해관계자에 포함되는가?
  B. 대부분의 경제적 거래는 합법적으로 이루어지지만, 절도 혹은 강간과 같은 범죄는 불법이다. 범죄자가 범죄로부터 얻는 효용은 비용편익분석에 반영되는가?
  C. 우리나라에서 시행된 사업이 일본 국민에게 영향을 미치면 일본 국민은 비용편익분석 대상이 되는가? 국경이 이해관계자 범위를 정하는 기준이 되는가?
  D. 형평성을 제고하기 위해 소득이 높은 사람의 이해관계는 비용편익분석에 부분적으로 반영된다. 이는 타당한가?

트럼불(Trumbull)은 이해관계자 범위를 정하는 문제는 분석가의 주관적 판단에 맡길 수 있는 것이 아니며, 칼도·힉스 보상이 판단 기

---

29) 오정일(2012)에서 인용.

준이 되어야 한다고 주장하였다. 트럼불은 다음과 같은 원칙을 제시하였다. 첫째, 지불의사금액으로 측정된 편익과 비용만이 의미가 있다. 둘째, 편익과 비용은 사전적으로 측정되어야 한다.[30] 셋째, 비용편익분석 결과는 형평성 또는 분배적 정의와의 연관성 속에서 해석되어야 한다. 넷째, 비용편익분석은 사회적인 제약[31] 내에서 사업의 영향을 받는 모든 구성원을 대상으로 이루어져야 한다.

이러한 원칙을 앞의 사례에 적용하면 이해관계자 범위는 다음과 같이 정해진다.

A. 후손의 편익과 비용은 고려되어야 한다. 칼도·힉스 보상 기준을 적용하기 위해서는 사업의 영향을 받는 모든 구성원이 이해당사자에 포함되어야 한다.

B. 범죄로 얻은 효용은 법이라는 사회적 제약 밖에서 발생한 것이므로 편익이 아니다.

C. 정부사업이 일본 국민에게 영향을 미치면 일본 국민은 이해관계자가 된다. 국경을 기준으로 이해관계자를 정의할 이유는 없다.

D. 형평성을 제고하기 위해 소득이 높은 사람의 이해관계를 부분적으로 반영하는 것은 타당하지 않다. 칼도·힉스 효율성이 무력화될 수 있다.

---

30) 생명의 가치를 사전적으로 측정하기 위해서는 "이 사업으로 인해 당신이 사망할 확률이 1% 감소한다면 얼마를 지불할 용의가 있는가?"라고 질문해야 한다. 이렇게 되면, 응답자는 사회 전체적으로 사망자가 1% 감소하는 것은 확실하지만 대상이 누구인지 모르는 상태에서 지불의사금액을 밝힌다. 반면, "이 사업으로 인해 당신 외 생명을 구할 수 있다면 얼마를 지불하겠는가?"라고 묻는다면, 이는 사후적으로 생명의 가치를 측정하는 것이다. 사후적 지불의사금액이 천문학적인 숫자가 될 것은 자명하다.

31) 한 사회가 게임의 법칙으로서 사회구성원에게 부과한 제약을 사회적인 제약이라고 한다. 대표적인 것이 법률이다.

2) 설문조사 편의

설문조사를 통해 선호를 파악하는 것은 시장에서의 거래 자료를 사용하는 것에 비해 열등하다. 설문응답자는 실제로 가격을 지불하지 않으므로 진정한 선호를 드러내지 않을 수 있다.

편익을 측정하는 데 사용되는 조건부 가치추정은 설문조사를 통해 지불의사금액을 측정하는 방법이다. 조건부 가치추정의 대전제는 소비자가 합리적으로 행동한다는 것이다. 경우에 따라서 소비자는 비합리적으로 행동한다. 특히, 불확실성이 존재하는 상황에서는 소비자가 효용을 극대화하지 않는다. 이를 판단상 편의라고 하는데 의사결정 과정에서 발생하는 오류라고 할 수 있다. 판단상 편의가 발생하는 이유는 불확실성이 존재하는 상황에서 소비자가 복잡한 정보를 분석해서 기대효용을 극대화하기보다는 주먹구구식으로 의사결정을 하기 때문이다. 소비자는 불확실성을 분석하는 나름의 틀을 갖고 있지만 그 틀이 경제학이 가정하는 기대효용 극대화가 아니라는 것이다.

소비자가 기대효용을 극대화하지 않는다는 이론 중에서 대표적인 것이 전망 이론(Prospect Theory)이다. 전망 이론에 의하면, 사람은 각자 기준점을 갖고 있으며 이를 바탕으로 이득과 손실을 인식한다. 기준점에서 재화나 서비스가 증가하면 이득, 감소하면 손실로 인식된다. 사람들이 기준점을 갖는 이유는 현재 갖고 있는 것에 집착하기 때문이다. 이로 인해 이득과 손실을 인식하는 데 있어서 비대칭성이 나타난다. 사람은 이득에 비해 손실을 크게 느낀다.[32] 이 밖에도 [표 10-11]과 같은 다양한 종류의 판단상 편의가 나타난다.

---

32) 이를 손실을 기피하는 성향이라고 한다.

[표 10-11] 판단상 편의

구 분	내 용
비강제성에 따른 편의	응답자가 밝힌 지불의사금액은 실제로 지불하는 금액보다 크다. 자신이 밝힌 금액을 지불할 의무가 없기 때문이다.
응답자에 내재한 효과	미시경제학의 기본 원리 중 하나는 단조성이다. 현실에서 응답자는 재화의 양적 차이를 정확하게 인식하지 못한다. 재화가 크게 증가해도 지불의사금액이 거의 변하지 않는 경우가 발생한다.
순서 효과	설문이 제시되는 순서에 의해 지불의사금액이 달라진다. 재화 A가 제시된 후, 재화 B가 제시되는 경우와 재화 B가 제시된 후, 재화 A가 제시되는 경우를 비교하면 재화 A에 대한 지불의사금액이 다르다.
시작점에 의한 편의	응답자에게 제시되는 금액이 얼마에서 시작되느냐에 따라 지불의사금액이 달라진다.

3) 선호 의존성

사람들의 선호가 의존적이면 지불의사금액으로 편익을 측정할 수 없다. 석유 누출로 오염된 바다를 정부가 정화하는 경우를 생각해 보자. 이 사업에는 막대한 비용이 소요된다. 어떤 사람이 이 사업에 1만 원을 지불하겠다고 대답한다면 1만 원이 의미하는 바는 무엇인가? 분명한 것은 이 사람이 지불하는 1만 원으로 석유를 제거할 수 없다. 이러한 측면에서 공공재에 대한 지불의사금액은 사적 재화와 다르다. 이 사람이 1만 원을 지불하겠다고 응답한 것은 다른 사람들도 비용을 지불해서 바다를 정화할 수 있는 상황을 전제한다.

자신이 지불하는 1만 원으로 바다를 정화할 수 있다고 생각하는 사람은 애로우(Arrow)의 '무관한 대안으로부터의 독립' 원칙을 위반하게 된다. 실현될 가능성이 없는 대안을 고려하면 안 되기 때문이다.

이 사람의 지불의사금액이 '무관한 대안으로부터의 독립'이라는 원칙에 반하지 않으려면 다른 사람의 지불의사금액을 알아야 하는데 이는 시장을 통한 평가에서는 불가능하다.

콘하우저(Kornhauser)는 다음과 같은 예를 들었다. A와 B로 구성된 사회에서 두 사람의 효용은 소득이 높을수록, 위험이 작을수록 크다. 이 사회에는 두 종류의 직업이 있다. '안전한' 직업의 임금은 300원, '위험한' 직업의 임금은 350원이다. A와 B가 위험으로부터 느끼는 비효용은 100원이다. 위험한 직업을 선택하면 임금이 50원 상승하지만 비효용이 100원 증가하므로, 두 사람 모두 300원을 받고 안전한 직업을 선택한다.

[표 10-12] 개인의 선호가 의존적인 경우

B	A	
	안전한 직업	위험한 직업
안전한 직업	(300원, 300원)	(350원, 300원)
위험한 직업	(300원, 350원)	(250원, 250원)

주. 앞의 금액은 A의 효용을, 뒤의 금액은 B의 효용을 나타낸다.

만약, A와 B의 효용이 상대적인 임금에 의해 영향을 받는다면, 두 사람의 선호는 의존적이다. A의 효용은 B의 선택에, B의 효용은 A의 선택에 영향을 받는다. A(B)의 임금이 B(A)보다 클 경우 효용이 100원 증가한다면, 이러한 상황은 [표 10-12]와 같은 게임이 된다. A가 안전한 직업을 선택하면 효용은 B의 선택과 무관하게 300원이지만, A가 위험한 직업을 선택하면 350원[33] 또는 250원[34]이 된다. 마찬가지로, B가 안전한 직업을 선택하면 효용이 300원으로 일정하지만

---

[33] A가 위험한 직업을, B는 안전한 직업을 선택할 경우, A는 임금 350원과 자신의 임금이 B보다 높아서 발생하는 효용 100원을 얻지만 위험을 감수하는 데 따른 비효용 100원이 발생한다.

[34] A가 위험한 직업을, B도 위험한 직업을 선택할 경우, A는 임금 350원을 얻지만 위험을 감수하는 데 따른 비효용 100원이 발생한다.

위험한 직업을 선택하면 350원과 250원 중 하나가 된다. 이 사례는 개인의 선호가 의존적이면 지불의사금액으로 효용을 측정할 수 없다는 사실을 보여준다.

2. 윤리적 비판

비용편익분석은 정부가 의사결정을 하는 과정에서 사용하는 수단이므로 윤리적 측면에서 정당성을 확보해야 한다. 비용편익분석은 후생경제학을 이론적 바탕으로 하고 있기 때문에 윤리성과 충돌할 수 있다는 비판이 있다. 비용편익분석은 바탕이 되는 이론이 정당하기 때문이 아니라, 그것을 통해 나타나는 결과가 유용하기 때문에 정당하다고 할 수 있다. 여기에서는 비용편익분석과 윤리성의 상충 문제를 두 측면에서 검토한다. 먼저, 다양한 가치를 화폐 단위로 환산할 수 있는가라는 문제에 대해 논의한 후, 이른바 '비극적 질문'에 대해 살펴본다.

1) 상품화

정부사업으로 발생하는 다양한 편익을 비교하는 것은 어렵다. 상이한 종류의 편익을 비교하는 것은 양자를 하나의 척도로 잴 수 있음을 의미한다. 예를 들어, 고속도로를 건설함에 따라 교통사고로 인한 사망자 수가 줄고 이동 시간이 감소한다면, 양자의 편익을 동일한 척도로 잴 수 있어야 비교하고 더할 수 있다. 비용편익분석의 이러한 특성을 비례성이라고 한다. 비례성을 가정해야 편익과 비용을 화폐 단위로 측정할 수 있다. 편익을 화폐 단위로 측정한다고 해서 편익이 금전적인 가치만을 가지는 것은 아니다. 편익의 다양한 측면을 돈이라는 척도로 재는 것이다. 이에 따라 "다양한 가치를 돈으로 환산할 수 있는가?"가 문제가 된다. 이를 상품화 문제라고 한다.

상품화는 비례성과 구별된다. 다양한 가치를 단일한 척도로 재는 것과 단일한 척도가 화폐라는 것은 다르다. 비용편익분석에서는 환경, 보건, 안전 등의 금전적 가치가 측정된다. 이것이 적절하지 않다는 비판이 있다. 환경, 보건, 안전 등은 눈에 보이지 않는 가치인데 이를 물질적인 것으로 간주해서 금전적 가치를 측정한다는 것이다. 생명의 가치는 10만 달러에서 57억 달러로 추정된다. 이렇게 큰 편차가 나타나는 것 자체가 생명의 가치를 상품화하는 것이 타당하지 않음을 반증한다는 주장도 있다. 생명, 건강, 환경 등은 대체가 불가능하다. "대체가 불가능한 재화의 가치를 돈으로 환산하는 것이 가능한가?"라는 의문이 제기될 수 있다.

비용편익분석에서는 다음과 같은 방식으로 보건, 환경, 안전 등에 관한 사업의 편익이 측정된다. w를 소득, s를 대체 불가능한 재화, x를 기타 재화라고 하면, 특정 사업의 산출은 (w, s, x)로 표시된다. s는 대체가 불가능하므로 이를 갖고 있으면 1, 상실하면 0이다. 개인 선호가 효용함수 U에 의해 표시되고 특정 사업으로 s를 상실할 확률이 r만큼 감소하면, 지불의사금액(m)은 식 (10.4)와 같이 측정된다.

식 (10.4)에서 등호의 왼쪽은 사업이 시행되기 전 기대효용, 오른쪽은 s를 상실할 확률이 $p - r$로 감소하고 이에 대해 m의 대가를 지불하는 경우 기대효용이다. 식 (10.4)의 양변이 같을 때 즉, 사업 시행 전·후 기대효용이 같을 때 지불의사금액이 정의된다.

$$((1-p) \times U(s = 1; \ w, \ x)) + (p \times U(s = 0; \ w, \ x))$$
$$= ((1-p+r) \times U(s = 1; \ w-m, \ x))$$
$$+ ((p-r) \times U(s = 0; \ w-m, \ x)) \tag{10.4}$$

비용편익분석은 환경, 보건, 안전, 생명 등의 금전적 가치를 측정하는 것이 아니라, 이와 관련된 사업의 편익을 지불의사금액으로 측정하는 것이다. 환경이나 보건의 객관적인 가치는 존재하지 않는다. 사람들의 지불의사금액은 그러한 가치가 어떤 정책을 통해 달성되는가에 따라 달라진다.

다음과 같은 경우를 생각해 보자. 어떤 도시에 흡연자 10만 명이 있고 흡연자가 폐암에 걸릴 확률은 0.1%, 폐암 환자가 사망할 확률이 50%이면, 이 도시에서 흡연으로 사망하는 사람은 50(100,000×0.001× 0.5)명이다. 흡연으로 인한 사망자를 줄이는 정부사업은 세 가지이다. 사업 A는 흡연자가 폐암에 걸릴 확률을 0.05%로 낮추는 것이다. 사업 B는 흡연자를 5만 명으로 줄이는 것이고, 사업 C는 폐암 환자의 사망 확률을 25%로 낮추는 것이다. 세 사업의 효과는 같다. 어떤 사업을 시행하든 사망자 수는 50명에서 25명으로 감소한다.

세 사업의 지불의사금액은 동일한가? 객관적인 생명 가치가 존재한다면 세 사업의 지불의사금액이 같아야 한다. 그러나, 흡연자는 사업 B나 사업 C보다 사업 A를 선호한다.[35] 세 사업의 효과는 동일하지만 지불의사금액은 다르다. 이 사실은 비용편익분석에서 지불의사금액을 측정하는 것이 무형의 가치를 돈으로 환산하는 작업이 아님을 의미한다.

[표 10-13] 사업 효과와 지불의사금액: 흡연과 폐암

	사업 A	사업 B	사업 C
사업 효과	25명	25명	25명
지불의사금액	큼	작음	중간

2) 비극적 질문

현실에서 우리가 직면하는 문제는 두 종류로 구분된다. 하나는 '명확한 질문'이다. 이는 우리가 해결해야 할 문제이다. 이러한 문제에 있어서는 가능한 해결책 중에서 최선을 찾으면 되므로 비용편익분석이 유용하다. 다른 하나는 '비극적 질문'으로서 모든 해결책이 비윤리

---

35) 흡연자는 담배를 피워도 폐암에 걸리지 않는 것을 선호한다. 흡연자가 줄어서 사망 자가 감소하는 것을 선호하지 않는다.

적인 경우이다. 모든 대안이 비윤리적이면 현실적으로 해결책이 존재하지 않는다. 비용편익분석이 비극적 질문에 대한 답을 제공할 수 있는가? 이는 "비용편익분석에 윤리성이 포함될 수 있는가?"라는 질문이다. 비용편익분석을 통해 비윤리적인 대안을 배제하는 하나의 방법은 비윤리성에 대해 충분히 큰 비용을 부여하는 것이다. 이렇게 하면 비윤리적인 대안의 편익이 충분히 크지 않은 한 순편익이 부(−)가 된다. 비윤리성에 일종의 세금을 부과하는 것이다.

대다수 민주국가는 비극적 질문을 고려한다. 민주적인 정부는 자신이 내세운 사회적 목표가 있고, 그러한 목표 중에서 일부는 천부적인 권리로 인정된다. 어떤 국가에서는 천부적인 권리가 제한적으로 인정되지만 다른 국가에서는 폭넓게 인정된다. 정부사업으로 천부적인 권리 중 일부가 침해되면 그 사업은 비윤리적인 것으로 간주된다. 나스바움(Nassbaum)은 특정 사업을 평가할 때 윤리적 측면에서 고려해야 하는 항목과 국가가 보장해야 할 최저 선을 제시한 후, 하나의 항목이라도 최저 선을 넘지 못하면 비윤리적이라고 하였다.

중요한 문제는 천부적인 권리에 어떤 것이 포함되며, 어느 정도까지 보호할 것인지를 결정하는 것이다. 대체로 윤리적인 측면에서 보호되어야 하는 권리는 기본권으로서 헌법에 제시된다. 다만, 너무 많은 항목을 천부적인 것으로 인정하거나 보호되는 최저 선을 높게 설정하면, 거의 모든 사업에서 비극적 질문이 나타난다. [표 10-14]는 리차드슨(Richardson)이 제시한 천부적인 권리이다.

[표 10-14] 천부적인 권리

구 분	내 용
생명	정상적인 기간 동안 생존하는 것, 성년이 되기 전에 사망하지 않는 것.
건강	적절하게 영양을 섭취하는 것, 적절한 쉼터가 제공되는 것, 건강하게 출산하는 것.
온전한 신체	이동의 자유, 폭력으로부터 안전을 확보하는 것, 출산 여부를 선택하는 것.
감각 · 상상 · 사고	문자 해독, 산수 · 과학에 관한 기본적인 교육, 종교적 · 문화적 · 음악적 작품을 표현하고 만들어내는 과정에서 자유롭게 상상하고 사고하는 것, 종교 행사의 자유, 정치적 · 예술적 연설에서 표현의 자유.
감정	사랑하고 슬퍼하고 감사를 표시하고 정당한 분노를 표출하는 것.
이성	선에 대한 개념을 정립하고 자신의 삶의 계획을 비판적으로 성찰하는 것, 양심과 종교의 자유.
사회적 상호작용	상대방의 처지를 이해하는 것, 집회와 정치적 연설의 자유.
자존감	타인과 동등한 가치를 갖는 존엄한 존재로서 다루어지는 것, 인종 · 성 · 성적 지향 · 종교 · 계급 · 국적에 의해 차별받지 않는 것.
기타 종	동물, 식물, 자연 환경과 관계를 맺고 더불어 사는 것.
유희	웃고 즐기고 여가 활동을 하는 것.
정치적 환경 통제	자신의 삶에 영향을 주는 정치적 의사결정에 효과적으로 참여하는 것, 연설과 결사의 자유.
물질적 환경 통제	소유권을 보유하는 것, 차별이 없는 상태에서 직업을 구하는 것, 일을 할 수 있는 것, 직장 동료와 유의미한 관계를 맺는 것.

3. 형평성 비판

모든 정부사업은 형평성을 추구하지만 개별 사업은 근본적인 가치보다는 정책 자체의 목표를 달성하는 데 중점을 두게 된다. 사업의 특성에 따라 형평성보다는 효율성을 중시할 수 있는데 행정학에서는 형평성을 사회적 맥락과 관련지어서 이해한다. 프리데릭슨(Frederickson)의 정의에 따르면, 형평성은 사람과 사람의 상호작용을 규제하는 공정성과 정당성, 올바른 대우의 정신과 습관을 의미한다. 그것은 자연권이나 정의와 동의어가 된다. 정의로운 사회에서는 평등한 시민의 자유가 안정적으로 정립된다. 따라서, 정의에 의해 보장되는 권리는 정치적 흥정이나 사회적 이해 타산에 속하지 않는다.

비용편익분석에서 분배적 가중치를 사용하면 다양한 집단을 다르게 취급할 수 있다. 특정한 가중치를 특정 집단의 편익과 비용에 적용함으로써 그 집단의 상대적인 중요성을 고려할 수 있다. 특정 집단에 적용되는 가중치가 크다는 것은 비용편익분석에서 그 집단이 중요하게 다루어짐을 의미한다. 정부사업은 다양한 집단에 영향을 미치므로, 개별 집단에 어떤 가중치를 적용하느냐에 따라 사회적 편익이 달라지고 사업의 우선순위가 바뀐다.

카프로우와 샤벨(Kaplow and Shavell)은 정부사업을 평가하는 기준으로 형평성을 고려할 필요가 없다고 주장한다. 비용편익분석에서는 정부사업이 개인의 효용에 미치는 영향을 분석하는데 개인의 효용함수에는 형평성에 대한 선호가 포함된다. 그러나, 효용함수의 한 요소로서 형평성을 고려하는 것과 정부사업을 평가하는 기준으로서 형평성을 고려하는 것은 다르다. 개인의 효용이 형평성에 의해 영향을 받는다면 이를 효용함수에 포함시켜야 하지만, 비용편익분석과는 별개의 평가 기준으로서 형평성을 고려하는 것은 바람직하지 않다.

이러한 주장에 대해 크라스웰(Craswell)은 형평성과 효율성을 고려한 평가 방법을 제시한다. 이는 일종의 혼합 모형이다. 특정 사업에 대한 평가는 2단계로 이루어진다. 두 개의 대안 중에서 하나가 다른 하나보다 파레토 우월하지 않으면 상대적으로 공평한 대안을 선택한다. 반면, 한 대안이 다른 대안보다 파레토 우월하면 그것을 선택한다. 경우에 따라 형평성 또는 효율성을 기준으로 의사결정을 한다.

크라스웰 방법을 적용하면 의사결정의 일관성이 깨질 수 있다. 다음과 같은 경우를 생각해 보자. 한 사회가 A와 B, 두 사람으로 구성되고 가능한 정부사업은 X, Y, Z이다. 사업별 A와 B의 효용은 [표 10-15]와 같다. 이 사례에 크라스웰의 방법을 적용하면 어떤 대안이 선택되는가? X와 Y를 비교하면 어느 하나가 파레토 우월하지 않으므로 상대적으로 공평한 X가 선택된다. Y와 Z를 비교해도 어느 하나가 파레토 우월하지 않으므로 Y가 선택된다. 따라서, 이행성에 의해 최종적으로 X가 선택된다. 그러나, X와 Z를 비교하면 Z가 X보다 파레토 우월하므로 Z를 선택해야 한다. 이는 모순이다.

[표 10-15] 크라스웰 모형

	사업 X	사업 Y	사업 Z
A의 효용	50원	40원	100원
B의 효용	50원	60원	55원
합 계	100원	100원	155원

크라스웰 방법을 적용하면 의사결정 안정성도 문제가 된다. 한 대안이 다른 대안보다 파레토 우월하면 효율성만을, 파레토 우월하지 않으면 형평성만을 고려하기 때문이다. 두 사람으로 구성된 사회에서 정부가 사업 A를 시행하면 사업 B를 시행하는 경우에 비해 소득 분배가 불공평해지고, 이로 인해 두 사람이 느끼는 비효용이 1,000만 원이라고 가정하자. 이 사례에 크라스웰 방법을 적용하면 아래와 같은 결과가 나타날 수 있다. 편익 0.0001원 차이로 인해 의사결정이 바뀐다.

사업 A의 편익이 사업 B보다 10,000,000.1원 크면 사업 A가 선택되지만, 사업 A의 편익이 사업 B보다 10,000,000원 크면 사업 B가 선택된다.

코우즈(Coase)는 재분배가 가능하면 효율성과 형평성이 충돌하지 않는다고 하였다. 이렇게 되면 정부사업을 평가하는 데 있어서 효율성을 잣대로 사용하는 것으로 충분하며 형평성은 고려할 필요가 없다. 정부사업을 통해 효율성이 달성되면 성과를 재분배해서 형평성을 달성할 수 있다. 이러한 주장은 앞에서 논의한 칼도·힉스 보상과 일맥상통한다.

소득을 재분배하는 방식에는 두 가지가 있다. 하나는 특정 사업의 결과로서 재분배가 되는 것이고, 다른 하나는 조세·보조금을 통한 것이다. 전자의 경우에는 재분배가 간접적으로 이루어지는 반면, 후자에 있어서는 직접적으로 재분배가 된다. 문제는 어떤 방식으로 재분배를 해야 비용이 적게 드느냐이다. 조세·보조금이 재분배 수단으로 선호되는 이유는 비용이 적게 들기 때문이다. 사업을 평가하는 데 있어서 효율성만을 고려하면 된다는 주장은 정부사업을 시행해서 형평성을 제고하는 것이 비효율적임을 의미한다. 정부사업을 시행해서 파이(pie)를 키운 후 이를 조세·보조금을 통해 재분배하는 것이 효율성과 형평성을 달성하는 바람직한 방법이다.

4. 대안

대다수 경험적 연구에서 주관적인 행복도는 응답자의 삶에 대한 만족도로 측정된다. 이는 응답자가 자신의 삶에 대해 어느 정도 만족하고 있는지를 묻는 것이다. 예를 들면, "World Values Survey"는 응답자에게 "모든 사항을 고려할 때 당신은 요즘 당신의 삶에 대해 얼마나 만족하는가?"라고 질문한다. 또한, "General Social Survey"에도 "모든 사항을 고려할 때 당신은 요즘 당신의 삶이 어떻다고 말할 수 있는가?"라는 질문이 있다. 이러한 설문의 장점은 응답자가 쉽게 대답할 수 있다는 것이다.

삶에 대한 만족도는 응답자의 감정의 문제이므로 실제 경험이라고 할 수 없다. 삶에 대한 만족도를 표시하는 것은 응답자가 자신의 삶에 대해 회고적으로 판단하는 것이다. 따라서, 응답자의 기분, 기억력, 설문 맥락 등이 대답에 영향을 준다. 이러한 이유로 삶에 대한 만족도는 단기간에도 크게 변한다. 예를 들어, 2004년 미시간주가 시행한 설문조사에서 2주 간격으로 측정한 삶에 대한 만족도의 상관성은 0.59에 불과하다. 이러한 약점에도 불구하고 삶에 대한 만족도는 경제적·인구학적 변수와 강한 상관성을 갖는다.

[표 10-16]은 삶에 대한 만족도와 높은 상관성을 갖는 변수를 예시한 것이다. 웃음, 소득, 교육 등은 정(+)의 상관성을, 만성적인 통증, 실업 등은 부(-)의 상관성을 갖는다. 성별에 따른 만족도 차이는 없고, 나이는 만족도와 정(+) 또는 부(-)의 상관성을 갖는다. 소득의 절대적인 크기와 만족도의 상관성은 크지 않으나, 소득의 상대적인 크기는 만족도에 큰 영향을 미친다. 대체로 환경을 나타내는 변수보다는 성격이나 특성을 나타내는 변수가 만족도에 큰 영향을 준다.

[표 10-16] 삶에 대한 만족도와 상관성이 있는 변수

1	웃음 횟수	6	응답자와 가까운 친척들의 행복도
2	친구들이 평가한 응답자의 행복도	7	응답자가 인식하는 건강 상태
3	긍정적인 감정을 말로 표현하는 횟수	8	소득의 절대적·상대적 크기
4	사교성, 외향성	9	종교 활동
5	수면의 질	10	최근에 발생한 긍정적인 환경 변화

전통적으로 경제학자들은 정부사업이 개인의 후생에 미치는 영향을 두 단계로 측정한다. 정부사업이 개인의 행위를 어떻게 변화시키는지 분석한 후, 이러한 변화가 개인의 후생에 미치는 영향을 측정한다. 이러한 방법의 문제점은 두 번째 단계에서 나타난다. 정부사업으로 인한 개인의 행위 변화는 예측이 용이하지만, 행위 변화에 의해 유발되는 후생 변화에 대해서는 논란이 많다. 그 이유는 개인의 후생 변화를 파악하는 것은 이론적 문제가 아니라, 주관적인 행복도 또는 삶에 대한 만족도를 측정하는 경험적 문제이기 때문이다.

담배에 대한 세금을 인상하면 흡연자 후생이 증가하는가? 감소하는가? 담배 소비는 감소할 것이다. 그러나, 담배 소비 감소가 흡연자 후생에 미치는 효과는 명확하지 않다. 만약, 흡연자가 담배 소비를 줄일 수 없는 중독자라면 후생이 감소한다. 높은 가격을 지불하고 담배를 소비해야 하기 때문이다. 가격 인상으로 흡연자가 담배 소비를 줄인다면 후생은 증가한다. 이론적인 모형으로는 흡연자의 후생 변화를 예측할 수 없다. 흡연자와 금연자의 주관적인 행복도를 비교해야 담배세 인상의 후생 효과를 알 수 있다.

정부사업으로 주민의 통근 시간이 감소하는 경우를 생각해 보자. 통근 시간 감소는 편익이다. 정부가 이 사업을 시행하는 데 비용이 소요되므로 편익이 비용보다 커야 사업의 타당성이 인정된다. 예를 들어, 이 사업으로 주민 1만 명의 통근 시간이 평균적으로 30분 감소한다면 시행해야 하는가? 시행 여부를 결정하기 위해서는 두 가지 작업이 이루어져야 한다. 첫째, 통근 시간 감소의 경제적 가치를 측정해야 한다. 둘째, 사업비를 측정해야 한다. 전통적인 비용편익분석에서 편익과 비용은 화폐 단위로 측정된다. 편익과 비용을 반드시 화폐 단위로 측정해야 하는가?

이 사례에서 1만 명의 통근 시간 감소와 사업비를 주관적인 행복도로 측정할 수 있다. 이는 변형된 형태의 비용편익분석이다. 사업비가 1억 원이고 이를 주민 1백만 명이 100원씩 부담한다고 가정해 보

자. 만약, 설문조사를 통해 통근 시간 30분 감축이 행복도를 0.2 증가시키고, 비용 100원은 행복도를 0.01 감소시키는 것이 확인되었다면, 이 사업으로 인해 편익 2,000 단위와 비용 10,000 단위가 발생한다.

전통적인 비용편익분석의 문제점은 편익의 화폐적 가치를 측정하는 것이 어렵다는 데 있다. 통근 시간 단축이라는 편익을 행복도로 측정하는 것이 대안이 될 수 있다. 물론, 이 방법도 비용 1억 원이 행복도를 얼마나 감소시키는지를 측정해야 하는 난점을 갖고 있다. 따라서, 어느 방법이 우월하다고 단정할 수 없다. 다만, 편익과 비용을 반드시 화폐 단위로 측정해야 하는 것은 아니라는 사실은 중요한 정책적 함의이다.

참고 문헌

- 샌델. 2012. 『돈으로 살 수 없는 것들』. 와이즈베리.
- 에어즈. 2010. 『당근과 채찍』. 웅진씽크빅.
- 오정일. 2012. 비용편익분석의 유용성에 관한 이론적 검토, 『정책분석평가학회보』, 22(1), 33－57.
- 오정일·송평근. 2023. 『법경제학입문』. 박영사.
- 오정일·지해명. 2001. 프로스포츠 산업의 지역경제 파급효과, 『문화경제연구』, 18－30.
- 이문호·오정일·김성균. 2017. 특허법원 국제재판부의 경제성에 관한 시론적 연구, 『국가정책연구』, 31(2), 163－186.
- 장지상·양정모·오정일. 2013. 학술연구지원사업의 경제성에 관한 연구, 『정책분석평가학회보』, 23(3), 123－146.
- 젤라이저. 2009. 『친밀성의 거래』. 에코리브르.
- 포터. 2011. 『모든 것의 가격』. 김영사.
- 프리드먼. 2020. 『생명 가격표』. 민음사.
- KDI 공공투자관리센터. 2021.4. 『2021년도 예비타당성조사 보고서: 시흥 배곧 서울대병원 건립 사업』.
- KDI 공공투자관리센터. 2021.5. 『2021년도 예비타당성조사 보고서: 서울~양평 고속도로 건설 사업』.
- Boardman, Greenberg, Vining, and Weimer. 2001. *Cost-Benefit Analysis: Concepts and Practice*. Prentice Hall.

저자 소개

오정일(吳正一)

서울대학교 경제학과 졸업
Cornell University 박사
산업연구원(KIET) 연구위원
경북대학교 행정대학원장
한국정부학회장
경북대학교 행정학부 교수(현재)

저서: 법경제학입문(송평근 공저), 박영사

제 2 판
비용편익분석개론

초판발행	2024년 2월 28일
제2판발행	2024년 5월 10일
지은이	오정일
펴낸이	안종만·안상준
편 집	양수정
기획/마케팅	장규식
표지디자인	이영경
제 작	고철민·조영환
펴낸곳	(주) **박영사**
	서울특별시 금천구 가산디지털2로 53, 210호(가산동, 한라시그마밸리)
	등록 1959. 3. 11. 제300-1959-1호(倫)
전 화	02)733-6771
f a x	02)736-4818
e-mail	pys@pybook.co.kr
homepage	www.pybook.co.kr
ISBN	979-11-303-2009-0 93350

copyright©오정일, 2024, Printed in Korea

정 가   18,000원